Dear Father —

I'm very sorry not to have returned David's letter, long before this. It got mixed up in a change of coats, then in my work, then in my guilt, which coze neatly prevent my doing just what would relieve it. Much the same is why I've for so long failed to write at least a line.

You wonder whether other people blame you deserve for using the word _Jap_. I do, from the bottom of my liver. Also _Nip_, _Nipponese_, _Nippon_. Sub, (even U-boat b. Theirs are though I sometimes use it), and _war effort_. I am sure I could think of more, if I could think at all. Yes, _Jerry_ — at least when an American uses it; even if I were an Englishman I don't think I'd want to. And _Reds_. And _Muscovites_. And _Russ_. And _Blitz_ (though it's a good word). People who use such words would also talk of their tummy.

Late at nights I've been doing some reading — which I shamefully lack the energy to do more than list. Stendhal's _The Red and the Black_; _The Good Soldier Schweik_ by Jaroslav Hašek; and a book analyzing Blake's poems and prison prophecies. The one I recommend 97 per cent to you is Schweik, which might be St Andrew's transplanted to the Austro-Hungarian army — the funniest and sorest satire on bureaucrats, authoritarians, scientists and other poops that I have ever read. Also, a very good book on E.M. Forster by Lionel Trilling, who writes very finely about the naïve literal assumption that the world is redeemable and divisible in terms of the good and poor, who are terribly offended by the world when it doesn't play ball that way, and who above all are baffled by a novelist so inclined as to make comedy of them and of the world and to take a liberal himself. He quotes

...and as observing that gayety is the sign of the intelligent man — a statement which ought to be written across practically every "intel..." forehead I know of.

The Stendhal is wonderful. I've never seen more beautiful variations, cross-purposes between noble, intricate and wild and self-deceptions, the evil that can grow out of a good impulse, and good that can grow out of evil one.

I've been specially working — I could see you twice tomorrow, from Jimmy, two books of poems by <u>John Betjeman</u> (Welsh-English, Jimmy says), called <u>Continual Dew</u> and <u>Old Lights for New Chancels</u>. I'll enclose some quotes but I'm not sure they're enough to show why I think you'd like him so much. I'll quote from Betjeman's preface: "The subjects, thanks to Punch which caters to them, are now considered "funny". Some people still think Victorian "devotional scenery" is only fit for invective. Churches are always "funny" unless they are written about by a devotional writer. Gaslight is funny, Port Street is funny, all sorts of places and things are funny, if only the funny writers are funny about them. I love suburbs and gaslights and Port Street and Gothic Revival churches and mineral railways, provincial towns and garden cities. They are, many of them, part of my background. From those I try to create an atmosphere which will be remembered by those who have had a similar background, when England is all council houses and trunk roads and steel and glass factory blocks — the New Europe, after the war." They — it is pure-English as anything I know.

Well, I'm tired already, and still want to copy some for you, so I'll stop.
                    Goodnight and love to you — and
thank you especially, Father, for your New Year's letter.

                                        Ryan.

CARTAS
AL PADRE FLYE
(1925-1955)

DERECHOS RESERVADOS
© de la traducción y las notas, 2016, Alejandro Gibert Abós
© 2016, Jus, Libreros y Editores S. A. de C. V.
Donceles 66, Centro Histórico
C. P. 06010, Ciudad de México

Cartas al padre Flye
ISBN: 978-607-9409-60-9

Primera edición: septiembre de 2016

Diseño de interiores y composición: Sergi Gòdia

JAMES AGEE

CARTAS
AL PADRE FLYE

(1925-1955)

TRADUCCIÓN DEL INGLÉS Y NOTAS
DE ALEX GIBERT

PREÁMBULO
James Harold Flye

En el invierno de 1918 comencé a dar clases en St. Andrew's, un college para jovencitos situado en la meseta de Cumberland, a unos tres kilómetros de Sewanee, en el estado de Tennessee. Mi esposa y yo vivimos durante muchos años en una casa en el campus. El college, que estaba —y está— bajo la dirección de una orden monástica de la Iglesia episcopal, la Orden de la Santa Cruz, era una pequeña comunidad rural: por aquella época contaba apenas un centenar de alumnos entre la primaria y el bachillerato. Los domingos, vecinos y visitantes solían asistir a misa en la capilla escolar; en todas partes se respiraba un ambiente de intensa devoción, pero amable y espontáneo, sin traza de rigidez o de beatería.

Al año siguiente llegó de Knoxville la viuda de James Agee[1] y se instaló en una casa vecina para pasar el verano junto a sus dos hijos: James —a quien por entonces todo el mundo conocía por su segundo nombre: Rufus—, de nueve años, y Emma, de siete. Cuando acabó el verano, al ver que la casa seguía disponible, la señora Agee decidió quedarse a pasar el invierno y matriculó a sus hijos en el college. Su estancia se prolongó varios años, interrumpida sólo por los veranos y las vacaciones que pasaban en casa de los padres de la señora Agee en Knoxville, futuro escenario del fragmento titulado «Knoxville: verano de 1915», con el que arranca *Una muerte en la familia*.

Fue así como se entabló la amistad de la que este libro da fe: comenzó cuando el más joven de los dos amigos tenía apenas diez años y se prolongó hasta que cumplió los cuarenta y cinco, alterada tan sólo por la profundidad y la madurez que

---

[1] A mucha gente le cuesta pronunciar el nombre. El truco está en pronunciar las letras A y G en inglés, poniendo el acento en la A.

7

dan los años. Era ya entonces, como lo sería siempre, una relación jovial, franca y sincera, de mutuo afecto y respeto mutuo, de comprensión, afinidad y simpatía propio del verdadero compañerismo. En estos casos, la edad es lo de menos. Yo era sacerdote y maestro, y le impartí una o dos asignaturas, con lo que nuestra relación tuvo también su faceta pedagógica. Pero eso no impedía que existiera entre nosotros —y no sólo en su caso, por cierto— una simpatía cordial que trascendía lo puramente escolar. Para ilustrar el tipo de relación que trato de describir podría mencionar un día en que, tras corregir un sobresaliente examen final de historia de Jim, que no tendría más de doce años, encontré escrito al final: «Y hasta el año que viene... Nos vemos a la hora de comer».

El verano antes de que cumpliera dieciséis años, los dos pasamos varias semanas recorriendo Inglaterra y Francia, sobre todo en bicicleta. Aquel otoño Jim comenzaba en la academia Phillips Exeter sus estudios preparatorios para entrar en Harvard. Nuestros caminos se bifurcaron al regresar a Nueva York, a finales de agosto: yo volví a St. Andrew's, y él se fue a visitar a su madre, que se había vuelto a casar y ya no vivía en Tennessee.

Deduje entonces que no volveríamos a coincidir en mucho tiempo y, en efecto, nos vimos muy poco durante los siguientes once años. En mayo de 1936 vino a St. Andrew's de visita, como refiere en sus cartas. A principios de los años cuarenta me encargaron durante el verano una parroquia neoyorquina, la capilla de San Lucas, en Greenwich Village, un puesto que ocupé hasta 1954 y que nos proporcionó muchas oportunidades para vernos y charlar tranquilamente.

Las cartas aquí transcritas abarcan un periodo de treinta años: desde el otoño en que Jim ingresó en Phillips Exeter hasta 1955, el año de su muerte. Algunas de estas cartas las mecanografió, pero la mayoría me llegaron manuscritas. Las que me envió desde Exeter las escribió con pluma y son bastante legibles; después comenzó a usar un lápiz de mina afilada y su letra se encogió hasta tal punto que la lectura resultaba un ejercicio laborioso y en ocasiones desquiciante. Pero la paciencia que exigían siempre encontraba su recompensa.

NOTA A LA EDICIÓN DE 1963

Más de un lector me ha manifestado su interés por mis cartas a James Agee, pero he preferido no desviar la atención y dejar que el libro sea exclusivamente suyo, salvo por un par de cartas mías, en verso, que reproduzco en cursiva: una que apareció ya en la primera edición y otra que me habría gustado incluir entonces. En cualquier caso, la mayor parte de mis cartas se ha perdido: no se conserva ninguna anterior a 1938, y mi correspondencia posterior presenta grandes lagunas. No es que Jim destruyera deliberadamente las cartas que recibía, pero sus circunstancias vitales y sus continuas mudanzas no favorecían el orden de papeles y escritos, y fue mucho lo que extravió en un momento u otro; no sólo escritos, también otras cosas. Lo mismo ocurrió con muchas de mis cartas.

J. H. F.

CARTAS AL PADRE FLYE

[*Exeter, New Hampshire*]
Lunes 19 de octubre de 1925
*por la noche**
Querido padre Flye:

Siento muchísimo no haber respondido antes a su carta. He estado desbordado de trabajo (me he inscrito a más asignaturas que la mayoría de mis compañeros) y sólo ahora empiezo a achicar un poco de agua, tras dos o tres semanas de verdadero agobio. Sí, esto es aún más agotador que nuestras excursiones del verano pasado... Pronto me darán las notas. Si le parece bien, se las enviaré, sean buenas o malas.

Todos mis profesores, salvo uno (o puede que dos), son interesantísimos. No se ciñen al plan de estudios más que en lo indispensable y sus métodos son de lo más curioso. Suponía que iba a toparme con los sistemas educativos modernos sobre los que tanto se ha escrito, pero la mayoría son tipos duros con una actitud levemente hostil hacia los alumnos. La asignatura de literatura inglesa es la más apasionante de todas, y la cantidad auténticamente ciclópea de trabajo que hacer, augura cuatro años universitarios espantosos...

Puede que esto le interese: he conocido a Freeman Lewis, el sobrino de Sinclair.[1] Vive en mi calle y es un tipo encantador. Hace poco recorrió los bajos fondos de Nueva York junto a su tío, que estaba recopilando material para su próximo libro; suena interesante, ¿no es cierto? He tirado la casa por la ventana y he comprado *Doctor Arrowsmith* y unos cuantos libros más.[2]

---

* Cuando la carta original omite el lugar o la fecha, he creído conveniente añadirlos entre corchetes en la medida en que es posible deducirlos a partir de los matasellos. [Las notas con asterisco son de J. H. F.]

[1] El escritor estadounidense Sinclair Lewis, que ganaría el premio Nobel de Literatura en 1930.

[2] *Arrowsmith*, novela de Sinclair Lewis. Apareció en 1925 y le valió a su autor el premio Pulitzer al año siguiente.

¿Ha leído *Ariel o la vida de Shelley*? Es una especie de biografía novelada, me ha encantado. También tengo ganas de leer *Elizabeth y su jardín alemán*,[3] que dicen que es una maravilla. Ya veremos.

He escrito alguna que otra cosa para el *Monthly* y este mes me van a publicar un relato y dos o tres poemas que espero me abran las puertas del Lantern Club. El Lantern es una de las cosas que más valen la pena de aquí: además de ser un club literario, edita el *Monthly* y cada trimestre invita a varios escitores a dar charlas informales en su sede. Ha venido varias veces Booth Tarkington,[4] que acabó aquí el bachillerato, y es posible que este invierno venga Sinclair Lewis. Disponer de un club así en un college es increíble, ¿no cree?

Acabo de sacar de la fabulosa biblioteca de Exeter *Blind Raftery* [El ciego Raftery] de Donn Byrne, pero aún no he empezado a leerlo.[5]

Le mando todo mi cariño a usted, padre, y a su señora. Ojalá pudiéramos vernos.

RUFUS

---

[3] *Ariel ou la vie de Shelley*, obra de André Maurois publicada en Francia en 1923 y traducida al inglés al año siguiente. *Elizabeth and Her German Garden*, de la escritora australiano-estadounidense Elizabeth von Arnim, apareció en 1898.

[4] Escritor y dramaturgo estadounidense cuya obra abarca toda la primera mitad del siglo XX. Se le conoce sobre todo por sus retratos costumbristas del Medio Oeste estadounidense. Ganó el premio Pulitzer en 1919 por *El cuarto Mandamiento* (*The Magnificent Ambersons*, 1918).

[5] Novelista estadounidense de ascendencia irlandesa. Sus libros gozaron de cierto éxito de público y crítica durante la década de los años veinte. El título completo del libro que menciona Agee es *Blind Raftery and his wife, Hilaria* (El ciego Raftery y su esposa, Hilaria), de 1924.

Querido padre Flye:

[*Exeter, New Hampshire*]
Miércoles [*3 de marzo de 1926*]
por la noche

No sabe la ilusión que me ha hecho su carta...
Se ha declarado aquí una epidemia de escarlatina y otra de sarampión. Con tanta enfermedad, el trimestre académico se nos ha ido al traste: vamos todos retrasadísimos. Las vacaciones de primavera las pasaré en Cambridge con los padres de Cowley.[6] Estoy impaciente por ir allí a aburrirme como una ostra. La verdad es que ha sido un trimestre muy duro, así que preferiría «desmelenarme» en vez de enclaustrarme en un monasterio, pero sin duda es un buen sitio para pasar la Semana Santa, y sólo tengo esos días libres. No importa que la escuela sea laica: está mal que las vacaciones caigan en Semana Santa.

Le envío un ejemplar del *Monthly*. Incluye una obra de teatro mía basada a grandes rasgos en los años que pasé en St. Andrew's.

El otro día vino un tal Wagner, de Harvard, y nos dio una charla interesantísima sobre sus aventuras en China, adonde fue en busca de unos frescos del siglo VI que había en uno de esos monasterios budistas construidos en una cueva. Fue increíble. No sabía que estas cosas pudieran suceder fuera de las novelas de H. Rider Haggard.[7] Se hace tarde y no puedo contarle mucho más, tan sólo que la charla me dejó enormemente *intrigado*.

Un abrazo y recuerdos a la señora Flye,   RUFUS

[6] Nombre con el que se alude habitualmente a la orden anglicana de San Juan Evangelista, fundada en 1866 en Cowley, Oxford.

[7] Escritor victoriano muy popular a finales del siglo XIX, autor de *Las minas del rey Salomón* (*King Solomon's Mines*, 1885), entre otros grandes éxitos de ventas, e iniciador del subgénero literario de la novela de aventuras en torno a civilizaciones extintas.

Querido padre Flye:

Me ha resultado tan sorprendente como descorazonador darme cuenta de que ha transcurrido ya un tercio de mis vacaciones. Estoy pasando un verano espléndido aquí, aunque no tenga ni punto de comparación con el viaje que hicimos el año pasado. Espero que no tardemos mucho en repetir.

¿Ha leído *Mantrap*,[8] la última novela de Sinclair Lewis? Es tan distinta de las tres anteriores que no sé muy bien qué pensar. Parece uno de los dramones agrestes de James Oliver Curwood, sólo que bien escrito. Se aleja totalmente de la sátira, y la trama posee una frescura que no me esperaba de Lewis (aunque hay también pasajes bastante descuidados). No sé a qué se deberá el cambio pero, por lo que me cuenta su sobrino, parece que la escribió mayormente sobrio. Es muy entretenida y la última parte es buenísima. Los personajes, por cierto, son tan verosímiles como Babbitt o Leora Tozer,[9] así que no se deje espantar por el «un comerciante, un joven imberbe y una muchacha» de la contracubierta. No creo que lo escribiera únicamente para hacer caja: creo que lo hizo para relajarse mientras trabajaba en su obra maestra, que supongo que estará a punto de publicar.

¿Y de Rose Macaulay ha leído algo?[10] *Orphan Island* [La isla huérfana] es una sátira extraordinaria: una parodia cáusti-

---

[8] De 1926.

[9] Personajes de dos novelas del propio Lewis: *Babbitt* (1922) y *Doctor Arrowsmith*. Tras la publicación de la primera, el nombre de Babbitt pasó a emplearse en Estados Unidos como sinónimo de hombre de negocios de origen humilde que se ha ido amoldando a los valores impuestos por la clase media. Leora Tozer, por su parte, es el paradigma de la esposa fiel del genio, que mantiene los pies sobre la tierra y le recuerda la verdadera medida de las cosas.

[10] Escritora y periodista inglesa conocida sobre todo por su última obra, *Las torres de Trebisonda* (*The Towers of Trebizond*), de 1956.

ca del gobierno inglés en general y de la reina Victoria en particular. Un libro muy jugoso, la verdad.

He tenido la suerte de ganar dos premios en Exeter: un lote de cuatro libros de Kipling por fomentar el interés por la creación literaria y 30 dólares en un concurso de redacción. Pero lo que de verdad importa es que lo he aprobado todo, hasta latín. He tratado de hacerme con una copia de *Los caballeros las prefieren rubias*,[11] el libro que me recomendó. Dice Edith Wharton que es «la gran novela americana», a saber qué querrá decir con eso. *Beau Geste*[12] está bastante bien, sobre todo como novela de intriga y aventuras.

Tenía ganas de ir a Knoxville a principios de septiembre; desde allí podría haber ido a verlos a St. Andrew's, pero el pasaje es muy caro y, como mi abuela y el tío Hugh quieren pasar el invierno en Nueva York, voy a tener que esperar y celebrar con ellos las Navidades. Espero que surja pronto otra oportunidad.

Recuerdos de mi madre y del padre Wright,*

RUFUS

Querido padre Flye:

[*Exeter, New Hampshire*]
Miércoles 20 de octubre de 1926 por la noche

Hoy hace justo un mes que llegué a Exeter. Parece que haya pasado un año... o un suspiro. A finales de verano la idea de volver me daba pavor: pensaba que no podría volcarme de nuevo en mis estudios, pero sí he podido. De hecho, trabajo

* El padrastro de Jim.
[11] *Gentlemen Prefer Blondes*, novela de Anita Loos publicada en 1925; tres años más tarde fue adaptada al cine mudo y en 1953 se convirtió en el célebre musical homónimo de Howard Hawks protagonizado por Jane Russell y Marilyn Monroe.
[12] Novela de 1924 con la que se dio a conocer el escritor británico Percival Christopher Wren.

con más ahínco que nunca. Creo que tengo la beca casi asegurada, con las mejores calificaciones. Esta mañana he tenido un examen muy importante: de francés. Me esforcé tanto en sacar un diez que al final me quedé con un seis, mi peor nota hasta la fecha. Estaba tan absorto en identificar contorsiones idiomáticas que he pasado por alto los errores más garrafales. El latín lo aprobaré, pero no creo que saque muy buena nota. En el examen de acceso a la universidad saqué un sorprendente ocho y medio, y se supone que debería de ser capaz de mejorar esa calificación.

El álgebra me resulta más fácil que nunca. He tenido tres exámenes y he sacado un diez, un nueve y otro diez, respectivamente. Literatura inglesa me cuesta, pero el tema de la asignatura no podría ser más interesante: *Macbeth*. También me he matriculado en historia antigua. Dicen que el nivel de esa asignatura es mucho más alto que en muchas otras universidades gracias al doctor Chadwick, el profesor que la imparte, que es también el jefe del departamento. Chadwick despliega una cantidad imponente de fechas, paralelismos temporales y mapas de apariencia absurda, pero al margen de eso tiene una forma de dar clase estupenda y agradabilísima. Como me inscribí tarde, andaba un poco rezagado a la hora del examen y cometí varios errores de bulto en los mapas, pero me puso muy buena nota y *magna cum complimentibus* en las preguntas argumentativas, las de «soltar una parrafada». No hay nada que me guste más que encontrar una pregunta sobre algún tema que lleve bien leído y «exprimirme» hasta quedarme seco.

Uno de los cursos más «curiosos» que tengo es el de declamación, que en realidad no tiene mucho que ver con la declamación como tal sino que es más bien un curso elemental de interpretación. Al principio el profesor me parecía un auténtico «histrión», pero es un tipo espléndido. Escribe obras de teatro y actúa en ellas, además —o a pesar— de ser un erudito. Se retuerce las manos como un drogadicto; tiene un piano en el aula, que aporrea con acordes inmundos; se apoya en la repisa de la chimenea y se echa a llorar; y en ningún momento deja de regodearse con su extravagante espectáculo.

¿Ha oído hablar de un libro titulado *Nize Baby*?[13] Es algo excepcional de verdad... En todo caso, de lo más original que he leído nunca. No recuerdo ahora si le envié una obra de teatro que escribí y que titulé *Catched* [Atrapado]. Trata sobre alpinistas.

He pasado un verano que a la inmensa mayoría le habría parecido de lo más aburrido, pero estaba tan mentalizado que al final lo pasé en grande, pese a las inevitables angustias. Supongo que fueron las vacaciones típicas de una pandilla de jóvenes, la cosa es que yo no había vivido nada igual hasta ahora, como usted sabe. Tenía apenas dos amigos y no conocía a ninguna chica. Pero esta vez tuve que tragarme a una docena —y ellas a mí— con anzuelo y todo. No hicimos más que salir de «jarana». Aprendí algún paso de baile, por llamarlo de alguna manera, y perdí la peor parte de mi timidez, aunque preferiría conservar cierta dosis: si hay algo que me molesta es la gente «con labia». Ése es el problema de la mayoría de los chicos, que no dicen nada mínimamente sincero.

Aun así, había una cantidad sorprendente de excepciones. Conocí a un muchacho tan leído e inteligente como Oliver Hodge.* Y a otro que iba a compartir habitación aquí conmigo, pero solicitó la plaza demasiado tarde. Y a una chica de la que me enamoré perdidamente y para siempre... hasta que volví a Exeter. Es la ególatra más interesante que he conocido en mi vida. Pero la egolatría —¿o era más bien egoísmo?— acaba por cansar. Yo en el fondo lo lamento, aunque dudo que a ella le suceda lo mismo. Y por último había otra chica que... bueno, me dan ganas de tirarme por el balcón —como tantas

---

* Un antiguo compañero de Jim en St. Andrew's.

[13] Uno de los primeros trabajos del animador y dibujante de cómics estadounidense Milt Gross, publicado en 1926. La obra de Gross se distingue por su uso del argot *yiddish* neoyorquino y la adaptación en clave de humor de los cuentos clásicos.

otras veces—cuando pienso en lo insensible que estuve con ella durante todo el verano. No había en ella el menor rastro de los remilgos y amaneramientos que echan a perder a la mayoría de las chicas... y no compensaba la falta de remilgos con verborrea, sino con una inteligencia discreta, teñida de un sarcasmo ácido y encantador.

En fin, será mejor que deje de retratarme como el idiota que soy.

Entretanto, es un placer tener alguien a quien escribir, aparte de la familia.

Espero que uno de estos días pueda venir a Exeter. La ciudad está muy bien y el campus es magnífico. Tenía muchas ganas de ir a verlo en Navidades, pero mis padres quieren pasarlas en Nueva York y no creo que llegue mucho más al sur. Espero volver a St. Andrew's algún día y verlos a usted y a su señora. Hasta entonces, al menos podremos escribirnos.

Con cariño,

RUFUS

[*Exeter, New Hampshire*]
Martes [*14 de diciembre de 1926*]
Querido padre Flye: *por la noche*

El trimestre acaba mañana por la mañana y me voy directo a Nueva York, donde me quedaré hasta pasada la Navidad con la abuela y el tío Hugh.

Después me voy a Rockland de visita. Espero que volvamos a vernos pronto, padre. A veces me despierto sobresaltado en mitad de la noche y me acuerdo de que hace más de un año que no nos vemos. Es una pena, pero está todo tan programado que no tiene remedio. Por muchos que sean mis nuevos amigos e intereses, no lo olvido. El caso es que la vida aquí me absorbe y cada vez me duele más no estar a su lado. Le tengo mucho cariño, padre, y eso no va a cambiar.

1927

Lo que me cuenta de Sam L. es tristísimo.* Me ayuda a comprender un poco lo distintas que son estas cosas cuando suceden fuera de la ficción. Ahora mismo, soy capaz de leer y escribir acerca de los sucesos más sórdidos con un interés impersonal, pero mientras más contacto tengo con la violencia y la tragedia cotidiana, mi escritura tiene un trasfondo más real. Para un adulto esto será una perogrullada, no lo dudo, pero para mí es toda una novedad. Soy consciente de que muy pronto le tendré al realismo el mismo horror y la misma aversión que le tiene mi madre, por poner el caso.

Hoy dimos una función de Navidad: una versión corta de *La fierecilla domada*. Yo hacía del viejo y jadeante Bautista y todo salió muy bien, incluso el director, que partió rumbo a Nueva York en cuanto terminó la representación. Mañana se embarca hacia Londres.

Un día de estos voy a reunir mis escritos y a enviárselos.

Un fuerte abrazo para usted y otro para la señora Flye,

RUFUS

[*Exeter, New Hampshire*]
9 de enero de 1927

[...] Voy a presentarme a un concurso de ensayo subvencionado (creo) por el vizconde Bryce. El tema da miedo: «¿Hasta qué punto afecta el Comercio Internacional a las relaciones políticas entre Estados Unidos y el Imperio Británico?». El premio es un billete de ida y vuelta a Inglaterra valorado en 500 dólares, 500 más en efectivo para los gastos y varias cartas de recomendación dirigidas a lo más granado de la diplomacia de Inglaterra. Sería fabuloso ganarlo, digo yo, aunque no me acaba de atraer la idea de viajar solo o en un gru-

* Un buen amigo que se había quitado la vida.

21

po organizado, y mucho menos tener que charlar con todos esos diplomáticos. Además, en verano me gustaría volver a Rockland: allí vive mi mejor amigo y una chica que me encanta. No sabe cuánto me gustaría que los conociera, para poder hablar de ellos con usted. Con ese amigo hemos planeado un viaje de tres semanas a Quebec para visitar los pueblos franceses de la región. El año pasado ya pasamos allí unos días [...]

Querido padre Flye:

[Exeter, New Hampshire]
Martes [17 de marzo de 1927]
por la noche

Lamento tener que aclararle que no he ganado el premio nacional: los periódicos se equivocaron y parece que el error se difundió ampliamente. Lo que he ganado ha sido el premio escolar que me clasifica para competir a escala nacional. El viaje me tocaría si ganara el concurso nacional. De momento he ganado una pequeña copa de plata, si es que me la entregan. Me encantaría ganar ese viaje, pero no tengo muchas esperanzas. Para empezar, sé muy poco sobre el tema, pero aunque fuera un experto tendría pocas opciones: los últimos dos años el premio se lo ha llevado un alumno de Exeter y creo que los jueces se sentirán inclinados a otorgárselo a otra escuela a la primera oportunidad. Es una pena haber recibido tantas felicitaciones por un premio que no he ganado, ¡con lo que me gustaría hacer ese viaje! Entiendo que al cabo de un tiempo le dejan a uno a su aire. No sé muy bien qué haría; probablemente me iría a Francia...

Me he centrado tanto en el ensayo que mis notas han caído en picado y corro el riesgo de perder la beca, aunque desde que lo acabé estoy empleándome a fondo. Hoy hemos tenido un examen muy importante de historia y creo que me ha ido bien, así que por ese lado no hay que preocuparse.

22

Solía usted decirme que cuando las cosas se complican lo esencial es relajar el cuerpo y la mente. Nunca llegué a entender del todo a qué se refería, pero ahora creo que sí. A menudo siento una opresión terrible, como si me hubieran envuelto en vendas de arriba abajo como a una momia. A veces odio este lugar, o no soporto a mis amigos; otras veces siento rechazo de mí mismo —como me ha sucedido esta tarde— y me entran unas ganas inexplicables de echarme a llorar, de morder algo con todas mis fuerzas o de dar puñetazos a la pared...

Acabo de leer *Elmer Gantry*, la sátira sobre la religión de Sinclair Lewis. Es más bien decepcionante, aunque tiene algún momento muy logrado. Lewis está cada vez más rancio.

Un abrazo,

RUFUS

[Exeter, New Hampshire]
Miércoles 20 de abril de 1927
Querido padre Flye: *por la noche*

Tendría que haber respondido antes, siento no haber podido... No tengo su carta a su mano, pero creo recordar los puntos principales... Me gustaría conocer al chico del que me cuenta. Parece un buen muchacho y la cita que me transcribe es sin duda excelente.

No sabe el alivio que supone encontrarse aquí con tantos profesores de literatura inglesa inteligentes y cultivados. En sus clases hay cierta dosis inevitable de rutina, pero la mayoría son encantadores y no escatiman esfuerzos para desvelarnos su auténtica personalidad. En cambio, según la opinión unánime, las clases de historia son *un desastre*. Los profesores de historia se encuentran tan completa y vilmente sometidos al plan de estudios aprobado por la junta que se ven obligados a pasar de largo ante cualquier tema histórico que tenga un mínimo de interés. El otro día, al llegar al capítulo sobre el realismo en la escultura helénica, tuvimos que saltárnoslo y pasar a otros temas infinitamente más importantes y dignos de mención, como el dato crucial de que la batalla de Zama se libró en el año 202 y no en el 203.

Hasta hace dos semanas no pude leer casi nada. Desde entonces he terminado *Manhattan Transfer*, de John Dos Passos. Es un libro de una obscenidad sin paliativos, y cuando se ha saciado de cochinadas desciende al nivel del hollín y las cloacas, sin embargo lo hace de un modo inteligentísimo. La inteligencia a secas me resulta odiosa, pero quiero pensar que este libro tiene algo más: Dos Passos es un escritor magnífico y la estructura de la novela es completamente novedosa. Además, me da la impresión de que si escribe tantas obscenidades es porque está convencido de que no existe nada más en el mundo: no se trata del clásico escribidor que cuenta porquerías por encargo. Su libro está lleno de descripciones hermosísimas, pasajes que por su belleza y color rivalizan con la mejor poesía. Luego he leído *El plutócrata*, de Tarkington,[14] un libro más bien anodino, aunque un magnífico antídoto contra los momentos más virulentos e intolerantes del *Babbitt* de Sinclair Lewis. La idea de Tarkington es glorificar a Babbitt, mostrarlo como un brutal gigante cartaginés y, al mismo tiempo, denigrar y ridiculizar a quienes lo menosprecian. Creía que Lewis había hecho un buen trabajo en *Babbitt*, pero esta versión es mucho más justa. Eso no significa que sea un gran libro ni mucho menos, puesto que no tendría sentido si el de Sinclair no se hubiera publicado antes. Hoy he comenzado *Una tragedia americana* y me está gustando, pese al ensañamiento de los críticos.[15] El inglés de Dreiser es bastante pobre, aunque posee

---

[14] *The Plutocrat* (1925).

[15] *An American Tragedy* (1925), novela negra de Theodore Dreiser basada en la historia real de Chester Gillette, un joven estadounidense acusado del asesinato de una chica en 1906 y ejecutado en la silla eléctrica en 1908.

una belleza peculiar y cierta dignidad. Por momentos tiene uno la impresión de estar leyendo una mala traducción de una gran obra extranjera, probablemente rusa. Dreiser es de una obviedad inaudita y no tiene ningún sentido del humor, pero su falta de ingenio es casi un alivio tras la brillantez deslumbrante de un Dos Passos o de un Lewis. Y muestra un amor y una ternura por sus personajes que, en vez de hacer que resulten empalagosos, los vuelve intensos y bellos.

A riesgo de repetirme, le diré que me han nombrado editor del *Monthly* y presidente del Lantern Club (el club literario). Este último cargo va a ser complicado porque me tocará presentar a los invitados con los discursillos relamidos de rigor: «Creo que, para los alumnos de Exeter, un autor de la estatura literaria del señor Nathan no requiere presentación. Con ustedes, el señor Nathan».

Durante las vacaciones de primavera fui a Boston y escuché la Misa de Beethoven y la Sexta, Séptima, Octava y Novena sinfonías. No recuerdo nada que me haya causado una impresión tan profunda como esta última. También vi a Minnie Madern Fiske en *Espectros*, que resulta muchísimo más desgarradora en vivo.[16] Gracias a la «ayuda» de un político irlandés tuve ocasión de visitar la morgue y la cárcel, que me parecieron mucho peores, más húmedas, cochambrosas y metálicas de lo que esperaba. Me dejaron un regusto extraño, como si hubiera lamido una vieja lata de sardinas.

No he tenido más noticias sobre mi ensayo. Por el premio escolar me han dado un trofeo dorado muy bonito y un dije para la cadena del reloj (aunque no tengo reloj).

Tengo aquí un amigo al que aprecio casi tanto como a usted. Al pensar en cualquiera de los dos crece automáticamen-

---

[16] *Gengangere* (1881), obra del dramaturgo noruego Henrik Ibsen estrenada en 1882. Minnie Madern Fiske fue una de las pioneras del naturalismo actoral y una de las mayores promotoras del teatro de Ibsen en Estados Unidos.

te el cariño que siento por el otro. No sé si me explico: los recuerdos que guardo de usted son una suerte de precedente de la amistad que siento por él, y esa amistad aviva los recuerdos. No creo que haya nada que me importe tanto como una amistad de esta clase. Entre dos personas del mismo sexo es posible tener un sinfín de cosas en común, cosas que invitan a la amistad; en cambio, la mentalidad de una chica es tan misteriosa como superficial lo que me resulta exasperante. Pero usted, este compañero y yo sabemos lo que piensa cada quien, lo que le interesa y por qué, sin sospechas ni malos entendidos, y sin el menosprecio que a veces sienten incluso las esposas. Ojalá pudiéramos compartir esta amistad, estoy convencido de que se llevarían de maravilla.

Con todo mi cariño,

RUFUS

Querido padre Flye:

[Exeter, New Hampshire]
Lunes [13 de noviembre de 1927]

Su carta me ha hecho una ilusión tremenda... me apena responder después de tanto tiempo. He pasado una primavera espantosa. Comenzó a torcerse por la época en que recibí su carta anterior y no he estado de humor para escribirle a nadie. Mi primer impulso fue explicárselo todo por carta, pero sabía que no nos ayudaría a ninguno de los dos, así que desistí.

Aún no le he echado el guante a *Trader Horn*,[17] pero por

---

[17] Primera de las tres obras presuntamente autobiográficas que publicó el aventurero, vagabundo y comerciante de marfil británico Alfred Aloysius Smith (1861-1931), apodado Trader Horn, en las que refiere sus experiencias en la jungla centroafricana, rodeado de fieras y «salvajes», sus empresas políticas y sus esfuerzos por manumitir a los esclavos de la región. Este primer libro, publicado en 1927, llevaba el título de *Trader Horn: A Young Man's Outstanding Adventures in Equatorial Africa* (Tra-

las reseñas y la propaganda febril que he podido leer, supongo que será un libro infecto. Todos los chicos que lo han leído aquí opinan justamente eso. El panorama actual está repleto de imposturas literarias de una u otra especie, pero entre ellas hay una que creo que merece la pena: *The Diary of a Young Lady of Fashion in the Year 1765-6* [Diario de una joven de mundo en el año 1765-1766], escrita hacia 1925 por una irlandesa de diecinueve años.[18]

¿Por casualidad no habrá leído, en el número de julio de *The Atlantic*, un relato de boxeo titulado «Cincuenta de los grandes»? Lo firma Ernest Hemingway, que publicó el año pasado una novela sensacional, *Fiesta*, y que este otoño ha sacado una colección de relatos titulada *Hombres sin mujeres*.[19] Todos los que he leído hasta ahora son fantásticos y están estupendamente escritos. Hemingway forma parte del grupo de estadounidenses degenerados que al acabar la guerra se «establecieron» en París (hasta donde aquello se pueda describir como establecerse). *Circus Parade* [Desfile circense], de Jim Tully,[20] me ha parecido notable por su prosa descarnada y por describir una de las realidades más crueles que quepa imaginar. Vale mucho la pena, aunque no sé si un libro de esta clase le puede interesar.

Este año me siento menos agobiado: los dos anteriores trabajé como una bestia confiando en tener en éste una agenda

---

der Horn: las notables aventuras de un joven en el África Ecuatorial) y fue un gran éxito comercial.

[18] La autora del libro, Magdalen King-Hall, trató de vender la obra como si se tratara del diario privado de una refinada dama irlandesa de sociedad llamada Cleone Knox, en el que relataba sus viajes de formación por Europa a finales del siglo XVIII. La verdadera historia de su composición no tardó en salir a la luz y era bien conocida cuando Agee escribió esta carta.

[19] «Fifty Grand», *The Sun Also Rises* y *Men Without Women*.

[20] Novela de Jim Tully, publicada en 1927, que describe el lado más sórdido de la vida en un circo de provincias.

más tranquila. Estoy cursando la asignatura de química, que me cuesta mucho pero es interesantísima. Y leo a Ovidio y a Virgilio, que me están apasionando. Con el latín lo había pasado mal hasta ahora, pero este año lo estoy disfrutando. Lo imparten un par de profesores realmente buenos...

En la clase de francés —que va a empezar dentro de un momento— estamos leyendo *Noventa y tres*, de Victor Hugo.[21] Es impresionante el modo que tiene Hugo de ir desovillando la historia, los fantásticos recursos (si bien un tanto melodramáticos) que emplea para mantener el interés del lector, sus variadísimos artificios para hacer avanzar la trama.

Ahora tengo que irme.

Un abrazo,   RUFUS

                                        [*Exeter, New Hampshire*]
Querido padre Flye: *26 de noviembre de 1927*

Muchísimas gracias por el libro.* El verano pasado leí unos cuantos ensayos de Benson en un libro cuyo título he olvidado. Escribe maravillosamente. Me gustan sobre todo sus descripciones paisajísticas. ¿Sabe?, dice mi madre que el abuelo solía decir que *The Upton Letters* [Cartas desde Upton] era uno de los libros mejor escritos que había leído.[22]

¡Hace tanto que no nos vemos! Me pregunto cuándo será la próxima vez. Porque estoy *seguro* de que volveremos a vernos, padre, y no sólo un día, sino con frecuencia. Nos tenemos demasiado cariño como para seguir así, apenas escribiéndonos de vez en cuando...

---

* *From a College Window* [Desde la ventana de un *college*], de A. C. Benson.
[21] *Quatre-vingt treize* (1874).
[22] Ensayo en forma epistolar del poeta inglés Arthur Christopher Benson.

1927

(*Más tarde.*) Acabo de leer el primero de los ensayos de Benson, «The Point of View» [El punto de vista], y me ha encantado no sólo por la belleza y delicadeza de su lenguaje, sino también por lo que dice. Es extraordinariamente meticuloso. Supongo que debe de haber muchísimas personas que llevan una vida igual de tranquila y virtuosa que él y que, sin embargo, no se han molestado nunca en poner sus puntos de vista por escrito.

¿Ha oído hablar de *Lolly Willowes* y *Mr. Fortune's Maggot* [El capricho del señor Fortune], de Sylvia Townsend Warner?[23] Son dos libros sobrios y singulares, espléndidos. Creo que le encantarían, y tiene especial mérito que hayan surgido en medio de las estridencias, excesos y bazofias que caracterizan la literatura hoy en día. Y lo mismo podría decir de todos los libros de Robert Nathan.[24] Estoy a punto de comenzar el último que ha sacado. Escribe con una sencillez fabulosa y sus textos *sugieren* infinitamente más de lo que dicen: su obra tiene tanto de poesía como de prosa...

Un abrazo,   RUFUS

[*Exeter, New Hampshire*]
Querido padre: *Lunes* [*31 de diciembre de 1927*] *por la noche*

No sabe cuánto me avergüenzo de no haber respondido antes. He tenido que estudiar mucho, pero ésa es una excusa bastante torpe. Su amistad me importa muchísimo, discúlpeme por ser tan negligente...

---

[23] *Lolly Willowes* (1926), primera novela de Townsend Warner, es una comedia de costumbres satírica en torno una solterona que comienza a practicar la brujería; *Mr Fortune's Maggot* (1927) narra las desventuras de un misionero en una remota isla de los Mares del Sur.
[24] Prolífico poeta y novelista estadounidense. Su novela más famosa es *El retrato de Jennie* (*A Portrait of Jennie*, 1940).

Desde que llegué he estado leyendo *Hojas de hierba*, ¿y sabe una cosa?: desde el invierno pasado me acomete a ratos una sensación peculiar, una especie de comunión... no sé: la impresión de ser capaz de apreciar la belleza en todas las cosas, fetos y orinales incluidos; una especie de amor universal. Y ahora me encuentro con Whitman y es como si me zambullera en un mar de belleza infinita, y lo mejor (creo yo) es que es la misma sensación que venía asaltándome de pronto desde hace algún tiempo sin ser consciente.

Hace poco fui a Boston para graduarme la vista. Tengo un leve astigmatismo, nada serio. Me acompañó Dorothy, y dimos un paseo por la ciudad, comimos y fuimos al teatro a ver *The Play's the Thing* [La obra es la cuestión],[25] una obrita ligera que no vale nada, pero con una interpretación magnífica. Intentamos conseguir entradas para *The Road to Rome* [El camino a Roma].[26] ¿Le suena? Lamento muchísimo no haberla visto con usted en Nueva York porque, aunque no sea una adaptación histórica muy fiel, enfoca el asunto de una forma que seguro que le agradaría. En ningún momento cae en la rimbombante palabrería marcial de un Bulwer-Lytton,[27] por poner el caso. En vez de eso, cuando aparece un oficial para la inspección de los gladios, se pasea en silencio frente a la formación y al llegar al último soldado le espeta: «Tú. ¿Cuándo diablos entenderás que no se va a ninguna parte con el gladio oxidado? ¡Dónde crees que estás!» Incluso hay algún chiste escatológico sobre los miembros de la Brigada de Elefantes.

Ayer volví a ir con un amigo y unos cuantos profesores y sus esposas a escuchar a Rajmáninov. ¡Cómo toca! Interpre-

[25] De Ferenc Molnár, estrenada en Broadway en 1926.
[26] Primera obra del dramaturgo estadounidense Robert Sherwood. Se estrenó en 1927 y trata de la campaña de Aníbal durante la Segunda Guerra Púnica.
[27] Edward George Bulwer-Lytton (1803-1873), poeta, novelista, dramaturgo, periodista y político británico conocido por frases como «es más fuerte la pluma que la espada» y otras similares.

tó tres piezas que ya le había oído tocar a Paderewski en Navidad y me duele (en serio) admitir que no hay punto de comparación.

¿Ha leído *Sorrell and Son* [Sorrell e hijo]? Yo no, pero sí he visto (y no se ría) una película buenísima basada en el libro.[28] La rodaron en Inglaterra. Fui a verla con Dorothy, que lo ha leído, y opinó que es muy fiel al texto, así que me siento autorizado para decir que es una historia muy buena, que resulta conmovedora: una auténtica tragedia (en cierto sentido) sin burdos sentimentalismos. Y no exagera en ningún momento. Tal vez lo más notable sea que, pese a todo lo que tiene que soportar, Sorrell también tiene algún golpe de suerte. Es la variación sobre el tema más perfecta que pueda imaginar. Y el tema no es poca cosa. Espero que pueda leerlo, si no lo ha hecho ya.

Con todo mi cariño, como siempre,   RUFUS

Querido padre Flye:

[*Rockland, Maine*]
Miércoles [*11 de julio de 1928*]
al mediodía

Parecería que las vacaciones me roban aún más tiempo que el estudio, pero lo cierto es que éste es el primer momento libre que he encontrado para escribirle.

He tenido miedo de no conseguir graduarme: un mes antes de la graduación aún no había conseguido aprobar geometría ni química y, para colmo, tuve anginas y me vi obligado a guardar cama durante una semana. Fue el peor momento para enfermar, pero me recuperé a tiempo.

[28] Novela del escritor inglés George Warwick Deeping publicada en 1925. Daría pie a dos adaptaciones al cine. La que menciona Agee es la versión muda de 1927, dirigida por Herbert Brenon y distribuida en español con el título de *El capitán Sorrell*.

La graduación me emocionó mucho más de lo que esperaba. Y no me refiero a la impresión de «cruzar el umbral de la vida adulta» y todos esos tópicos —que para mi sorpresa apenas salieron a colación durante la ceremonia—, sino al cariño que, contra todo pronóstico, siento ahora por Exeter y a la conciencia de que nunca volveré a estar tan ligado a la escuela, ni siquiera si algún día termino donando dos millones para una cancha de béisbol o una sala de calderas.

Desde entonces me siento algo aburrido, y no por elección como otras veces. Dorothy está a trescientos kilómetros, en las White Mountains, y Brick Frohock, mi mejor amigo de Exeter, se embarca mañana hacia Francia para pasar un año en la Sorbona, así que estoy un poco desinflado. Leo a ratos, alternando pasajes de Chaucer y de *The Great American Band-Wagon* [La gran moda americana], de aquel nórdico superlativo llamado Louie Merz (Charles, compruebo ahora que se llama, pero debería llamarse Louie).[29] Es claramente exagerado, pero tiene su gracia. Creo que el señor Sinclair Lewis despellejó; craso error: a estas alturas ya se le habrán quitado las ganas de hacerlo otra vez. Parece que lo de escribir el *Elmer Gantry* le está pasando factura a Lewis: da la impresión de que últimamente ha sentido la necesidad de «ponerse en la piel» de sus personajes...[30]

Si logro reunir la energía necesaria y a unos cuantos amigos, creo que me gustaría tratar de resucitar el *Monthly* de Harvard, que murió en acto de servicio durante la Gran Guerra. Era cien veces mejor que *Advocate*, en todos los sentidos. He conocido a uno de sus antiguos editores y me ha hablado de colaboradores que entretanto *no* se han convertido en

[29] Un libro de 1928 sobre la locura de los «tiempos modernos» en Estados Unidos.

[30] El personaje que da nombre a la novela de Sinclair Lewis, el reverendo Elmer Gantry, es un predicador cínico y corrupto, personificación de la hipocresía y el fanatismo religioso estadounidense de los años veinte.

1928

corredores de bolsa: Conrad Aiken, E. E. Cummings, Heywood Broun (creo) y Robert Hillyer. El editor del que le hablo es S. Foster Damon, la máxima autoridad sobre la obra de William Blake y el mayor experto de Estados Unidos en alegoría y misticismo. También escribe magníficos poemas (pocas veces los vende y cuando lo hace es a buen precio). Es uno de los pilares del *Dial*, pero creo que eso se le puede perdonar.[31] (Si ya le he hablado de ello, puede saltárselo: no quiero repetirme.) Brick le dio un ejemplar de *Menalcas*, mi obra de teatro (enseña literatura inglesa en Brown, la universidad donde estudia Brick). Cuando fui a ver a Brick en primavera, Foster Damon se enteró (por casualidad) de que yo estaba en la ciudad y nos invitó a cenar. Me dijo que el poema le había gustado y me dio unos quince nombres y direcciones a los que enviarlo para tener más lecturas: Robert Frost, Edna St. Vincent Millay, Sara Teasdale, Robert Hillyer, Hilda Doolittle, Ezra Pound, etcétera. A R. Frost lo vi en primavera y le di *Pygmalion* y *Menalcas*. Le parecieron aún mejores que a S. Foster. Luego otro tipo, un tal James Rorty, le echó un vistazo a *Menalcas* y también le gustó.[32] La opinión general es que tengo un futuro muy prometedor si no me rindo ni me da por escribir eslóganes publicitarios. Si están en lo cierto, prefiero estirar la pata antes que escribir anuncios o vender acciones o hacer cualquier otra cosa que no sea escribir. Hace poco he escrito otro poema, bastante largo, de unos quinientos versos, sobre una

[31] Revista literaria estadounidense fundada en 1840 y publicada intermitentemente hasta 1929. En sus primeros años fue una de las plataformas de difusión de los filósofos trascendentalistas. Más adelante se transformó en una revista política. En su última etapa, la más conocida, fue uno de los principales vehículos de divulgación del modernismo estadounidense. Entre 1920 y 1929 publicó a Ezra Pound, E. E. Cummings, Marianne Moore, T. S. Eliot, William Carlos Williams, W. B. Yeats y muchos otros poetas de la época.
[32] Conocido poeta, comentarista político y sociólogo estadounidense.

dama llamada Anne Garner. Previsiblemente, la mayor parte está en simples pentámetros yámbicos, pero he tratado de usarlos como un tendedero en el que ir colgando las partes más líricas. Es curioso, pero me cuesta escribir verdaderos cantos, poemas puramente *subjetivos*: para eso tengo que inventarme antes una situación, una historia, y escribir luego como si quien hablara fuera uno de los personajes. Me gustaría poder hacerlo sin tantos rodeos, como Housman... ¿Ha leído *Un muchacho del Shropshire* o sus *Últimos poemas*?[33] Son dos poemarios perfectos, hermosísimos: transmiten el más profundo desencanto sin un ápice de cinismo ni trucos baratos. Contienen poemas de una sencillez implacable.* ¿Verdad que son maravillosos? (Seguro que ya los conoce, puede que hasta tenga los libros en casa.)

Se me acabó el tiempo.

Un abrazo,   RUFUS

Querido padre Flye:

[*Cambridge, Massachusetts,*
21 de diciembre de 1928]
Viernes, 1.30 de la madrugada

Comencé a escribirle una carta poco después de recibir la suya... pero no la terminé. Y lo siento de verdad porque usted sin duda supondría que iba a ir a Nueva York en Navidades. No podré: tienen que «drenarme» las amígdalas, de modo de que no hay la menor posibilidad de que aparezca por ahí.

---

* Jim reproducía aquí los poemas «Far, far from eve and morning» [«Lejos, lejos de la noche y el día»], «When I was one-and-twenty» [«Cuando tenía veintiún años»], «Is my team ploughing?» [«Está mi yunta labrando»], «If it chance your eye offend you» [«Si por casualidad tu ojo te ofende»] y «As I gird on for fighting» [«Mientras me ciño la espada»].

[33] *A Shropshire Lad* (1896) y *Last Poems* (1922), fueron los únicos poemarios que publicó en vida el poeta inglés y catedrático de Cambridge A. E. Housman (1859-1936).

Siento en el alma que no podamos vernos, si al final decide ir.

Disculpe si esta carta resulta pura hojarasca: es la hojarasca del cansancio. Estoy en el elenco de una obra (censurada) del Club Dramático, así que la semana pasada tuve que aguantar cada noche en pie hasta las 4 de la mañana y, entre el trabajo pendiente y este insomnio extracurricular, no acabo de recuperarme.

Este otoño he leído mucho para mis estudios... pero poco más, salvo alguna cosa sobre brujería, demonología y otras cuestiones parecidas: aquí tienen una biblioteca magnífica dedicada a estos temas, con montones de textos originales.

Esta noche, en el Museo Germánico (que tiene tres puertas preciosas de catedral alemana), el Club Dramático ha representado uno de los autos sacramentales del Ciclo de Dublín, que por desgracia me he perdido (dejándome arrastrar a un infame vodevil).

He escrito muy poco y con resultados más bien pobres. Sobre todo para el *Lampoon*.[34]

Mis asignaturas son bastante interesantes, salvo la de literatura inglesa, que es un recorrido atropellado e insustancial por la historia, para colmo expuesto con petulancia. Me he matriculado además en geología (que no es tan interesante como en St. Andrew's), en una clase dedicada a Horacio, Plauto y Terencio (magnífica), en historia europea (con un profesor de primera). De notas voy justo: un esforzadísimo ocho en latín y seis en lo demás.

He bebido poco y sin llegar jamás al punto de saturación, de lo cual me alegro. Ahora mismo, mientras le escribo, estoy bebiendo una mezcla temible y maravillosa de benedictine sin alcohol con un toque de ginebra para darle sabor. El resultado guarda un parecido formidable (y bastante alcohólico) con el verdadero benedictine.

---

[34] Publicación humorística de la universidad de Harvard, de larga tradición.

¿Ha leído *The Time of Man*, de Elizabeth Madox Roberts?[35] Quería regalárselo por Navidad, pero me topé con el libro sobre Leonardo, que me dijeron que está muy bien, y me decanté por ése. El de Madox Roberts también es espléndido.

Las vacaciones empiezan mañana. Por extraño que parezca, casi se me habían olvidado (a diferencia de lo que sucedía en Exeter).

Voy bastante a menudo a St. Francis House.[36] Los monjes que viven allí son gente excepcional. Ninguno de ellos ha caído en las típicas excentricidades monacales.

Me gustaría escribirle una carta más sustancial, pero me encuentro en un estado semicomatoso.

Le mando todo mi cariño; muchos recuerdos a la señora Flye,

RUFUS

Querido padre Flye:

Cambridge [Massachusetts]
29 de abril de 1929
George Smith B 41

Ha pasado mucho tiempo desde mi última carta, pero tengo tan pocas novedades que no consigo recordar nada digno de mención, salvo que la nebulosa en la que he estado inmerso estos meses parece que empieza a desvanecerse. Para empezar, es posible que pronto escriba algo más. Lo he hecho bien poco desde la primavera pasada. Durante un tiempo me he sentido medio petrificado, mental y espiritualmente, y los po-

---

[35] Primera novela de Madox Roberts, sobre la hija de un colono de Kentucky, que la catapultó a la fama.

[36] Célebre casa de acogida situada en Boston y administrada por la orden franciscana.

cos momentos felices en que he conseguido librarme de esta parálisis no han dado ningún fruto literario... ya sé que eso no es lo más importante, pero para mí significa muchísimo. Sin duda, una de las razones de este bloqueo creativo ha sido el exceso de ambición: en primavera tuve la suerte de escribir algo que me permitió decir todo lo que sentía o tenía que decir sobre la naturaleza, la muerte y otras cosas parecidas; desde entonces, cada vez que he querido escribir he sido incapaz porque todo lo que se me ocurría me parecía menos bueno y pertinente. Y le aseguro que no era arrogancia, más bien se parecía a la desesperación. Ahora empiezo a superar el bache y estoy dispuesto a aceptar y desarrollar cualquier idea que pueda dar pie a una historia o un poema decentes.

Durante este otoño e invierno lo único que he escrito ha sido un relato que según la opinión general es una bazofia —yo mismo admito que no es muy bueno— y doce poemas breves, la mayoría de ellos ligeros; eso, además de traducir media docena de odas de Horacio. La traducción es lo que más me divierte, porque en cierto modo es lo más fácil. El otro día comencé a traducir del latín un poema de A. E. Housman. El original es bellísimo y me parece que el inglés de Housman está fuera de mi alcance, pero, teniendo en cuenta la admiración que siento por él, creo que vale la pena intentarlo.

Últimamente he estado leyendo mucho a John Donne, a George Herbert, a Henry Vaughan y a Emily Dickinson (cuya obra, por cierto, recuerda mucho a la de Donne). ¿Conoce la antología de poesía estadounidense de Jolas?[37] Contiene traducciones al francés de poemas de casi todos nuestros poetas importantes. Las traducciones tienen buena pinta en general,

---

[37] Eugène Jolas fue un escritor, crítico y traductor estadounidense que residió la mayor parte de su vida en Francia. En 1928, Jolas publicó en París el libro al que alude Agee, con el título de *Anthologie de la Nouvelle Poésie Américaine.*

pero la de «El Congo», a la que deberían haber renunciado desde el principio, directamente da risa.[38] ¿Ha oído hablar del quinto libro de Horacio? Lo escribió un eminente erudito de Oxford utilizando traducciones al latín de Kipling y Graves y añadiendo unas notas pedantes y graciosísimas.[39] Finalmente he decidido licenciarme en latín y literatura inglesa. Como soy tan exigente con esta última materia, temo que me irá mejor en las de latín y latín medieval. Espero tener tiempo de hacer alguna incursión en egiptología, civilización china, arqueología griega, literatura francesa y literatura comparada. Por lo pronto, para el próximo año me he matriculado en griego elemental (que aquí tiene fama de difícil); en «Rousseau y su influencia», impartida por Irving Babbitt, un neoclasicista implacable; en «Contexto histórico e intelectual de la literatura inglesa», que no es tan interesante como suena; y en un curso de latín que dedica la mitad del año a la filosofía de Cicerón y Lucrecio y la otra mitad a Horacio, Marcial, Juvenal...

Espero que los planes cuadren y podamos volver a vernos en verano. Le mando un fuerte abrazo; muchos recuerdos a la señora Flye,

RUFUS

[38] Una de las obras más conocidas y controvertidas del poeta estadounidense Vachel Lindsay, publicada en 1914 con el subtítulo «Un estudio de la raza negra». En ese poema, Lindsay se proponía reproducir ritmos «negros», de ahí la imposibilidad de la traducción.

[39] *The Fifth Book of Horace's Odes*, traducción satírica de una obra inexistente, producto de una colaboración entre Rudyard Kipling, Charles Graves y el profesor de Oxford C.R.L. Fletcher.

Querido padre Flye:

El 8 de septiembre, al regresar a casa, encontré su carta en el buzón: debe de haberse traspapelado en el correo. Me senté de inmediato a responderla, pero como tantas otras veces la dejé a medias.

El verano ha estado bien: mucho trabajo y poco tiempo o motivo para la insatisfacción. Tenía la esperanza de que las vacaciones supusieran una cura razonablemente duradera para la parte irracional de esta infelicidad que arrastro, pero no ha habido suerte. Vuelvo a encontrarme en el punto de partida. El nuevo año académico promete ser mejor que el anterior en muchos sentidos (clases, amigos, horarios) y en otros, para compensar, mucho peor.

De todas formas, soy consciente de que poco a poco voy madurando y convirtiéndome en una persona anímicamente más estable y también más agradecida, y que ese cambio es tan inevitable (supongo) como lo fue la pubertad. Nuevamente, como entonces, siento un placer casi sensual al ver que estoy «progresando», creciendo. Y al mismo tiempo percibo cada vez más claramente una especie de atrofia ética y espiritual. No me refiero a cuestiones de religión ni de moral: es algo que observo en mis propias actitudes inconscientes y en las reacciones de quienes me conocen mejor. No es que me haya vuelto un esnob ni que me sienta más que nadie —sé muy bien que muchos de mis amigos me superan en todo—, tampoco me he propuesto ser quien no soy. No es que me falten comprensión y empatía, tan sólo siento como si mi cerebro se estuviera convirtiendo en una verruga y no puedo hacer nada para impedirlo.

De todas formas, creo que todo se arreglará, siempre y cuando no me desentienda de las cosas que de verdad me preocupan. Supongo que es una fase completamente natural del desarrollo intelectual —del mismo modo que la adolescencia

39

viene acompañada de un aluvión de pensamientos y deseos in-
decentes— y que ya se me pasará, tal como se me han pasado
(en gran medida) las ensoñaciones obscenas de la pubertad.
Por lo pronto, sin embargo, esta sensación de impotencia resulta bastante dolorosa.

Me alegré mucho de volver a ver a Frank Smith, y es una
pena que los exámenes finales no me hayan permitido encontrarme más veces con él. Le hablé de la posibilidad de ir a Exeter y creo que le atrajo la idea, pero apenas tuvimos tiempo
para hablar del tema. ¿A usted qué le parece? Exeter no resulta
caro para chicos tan inteligentes como él, y es la mejor escuela
que conozco. Creo que un año allí le iría de maravilla (como a
casi cualquiera). Si está de acuerdo conmigo, dígamelo, para
que le insista…

El año pasado leí muy poco: unos cuantos libros sobre
brujería, muchos (comparativamente) de latín, unas cuantas
novelas y poco más. Ahora mismo estoy leyendo una novela extraordinaria: *Huracán en Jamaica*, de Richard Hughes.[40]
Le adjunto una reseña que ha escrito un amigo mío y que le
dará una idea más precisa del libro. Creo que podría intere-
sarle, al igual que *The Gypsy* [El gitano], de W. B. Trites, una
de las mejores novelas modernas que he leído. Está a la altura de *Ethan Frome*, si no la supera.[41] Estilísticamente es mejor, sin duda. La trama y las descripciones son de una economía extraordinaria, y le asesta el golpe más certero que hubiera podido soñar a la moda narrativa del monólogo interior.
Cada idea es absolutamente clara aunque no se la exprese y ni
siquiera se la insinúe de forma explícita: es un libro tan directo como los mejores pasajes de la Biblia.

[40] *The Innocent Voyage* (1929).
[41] Novela inglesa semierótica de 1928 sobre el idilio de un gitano y
una dama inglesa en Andalucía. *Ethan Frome*, de Edith Wharton, se publicó en 1911.

Estoy leyendo a Catulo —es mi única lectura en latín ahora mismo—. Es mucho más agradable de leer que Horacio, aunque no me parece tan buen poeta ni, en general, tan fácil de traducir a las formas líricas convencionales. Estoy cursando las materias siguientes:

«El Antiguo Testamento», impartida por Kirsopp Lake.[42] Por lo que he oído, muy divertida, muy interesante y muy sesgada unitarista.

«Literatura inglesa de 1603 a la Restauración» Una asignatura espléndida, o debería serlo. Abarca un periodo sumamente diverso y complejo, y con el profesor que la imparte habrá muchas opciones para escribir textos originales... si es que soy capaz de hacerlo.

«Filosofía I» Un curso introductorio sobre los distintos *tipos* de filosofía.

«Latín I» Catulo, Plinio, Tácito y Marcial.

Bebo un poco, pero sin entusiasmo. Sólo tengo a mano ginebra, *bourbon*, whisky, etcétera, y yo prefiero el vino...

En general, las juergas etílicas esporádicas me sientan bien, pero no vaya a creer que terminan siempre en borrachera: eso sólo sucede muy de vez en cuando, a menos que tenga el ánimo por los suelos...

¿Irá al norte esta Navidad? Espero que sí; yo creo que voy a estar en Nueva York, supongo que podríamos vernos.

Les mando a usted y la señora Flye todo mi cariño,

RUFUS

[42] Un célebre profesor de historia eclesiástica del seminario de Harvard y gran erudito de la exégesis bíblica.

Querido padre Flye:

El verano pasado y este otoño he pensado mucho en usted, lo
he echado mucho de menos y me he propuesto escribirle con
frecuencia... y en todo este tiempo ni siquiera he llegado a
comenzar una carta para extraviarla luego, como me sucedió
tantas veces la primavera pasada. Me gustaría que ésta fuera
una carta bien larga, una buena carta; pero, como suele ocu-
rrirme últimamente, se me traba la pluma en cuanto me pongo delante de la página en blanco. Si pudiéramos vernos en
persona podría decirle sin ningún esfuerzo lo que no consigo escribirle. De todas formas, hace tanto tiempo que no nos
vemos ni nos escribimos que querría darle al menos un breve
parte de lo que he ido haciendo en el ínterin, aunque me resulte muy complicado y no sepa ni por dónde empezar.

Supongo que las dos cosas más importantes que me han
pasado —y que en cierto sentido incluyen el resto— tienen
que ver con lo que quiero hacer con mi vida y con el desagradable proceso de madurar o crecer o comoquiera que se llame.

Hasta donde puedo ver, lo que más me apetece es dedicarme a escribir, principalmente poesía. En cualquier caso, no
hay nada que me apasione tanto. Como usted sabe, hace un
par de años tenía otras dos pasiones igual de intensas: la música y la dirección cinematográfica de mis propios guiones.
Ambas han ido muriendo, aunque en parte he sido yo quien
las ha matado, brutal y deliberadamente, para hacer sitio a la
pasión por la escritura. Las dos asoman de vez en cuando:
la primavera pasada estuve a punto de dejar los estudios, lar-
garme a California y jugarme el todo por el todo, y aún más
frecuentemente siento que daría cualquier cosa por olvidar-
me de todo y dedicarme a la música: siento unas ganas inmen-
sas de componer y creo de verdad que podría lograr algo decente, incluso más que en la literatura. Supongo que si me
empeño en escribir se debe tanto a cierta inercia innata como

a un instinto —que sin duda sobrevaloro— que me dice que la escritura es el único talento que poseo moderadamente.

Hasta hace seis u ocho meses sólo muy esporádicamente me tomaba estas dudas en serio, pero a medida que he ido leyendo más y escribiendo con algo más de esmero, la literatura se ha ido apoderando cada vez más de mí. De hecho, la primavera pasada escribí un poema largo que debería bastar para decantarme de una vez por todas. En primer lugar, porque trabajé en él más que nunca, y también porque, cuando lo acabé, les gustó mucho a varias personas que me alentaron a continuar. Del poema en sí no sé qué pensar... pero ahora me siento más comprometido que nunca a seguir escribiendo.

En realidad, ese compromiso se ha convertido en una obsesión malsana: de un modo u otro pienso en ello cada minuto que estoy despierto, y la cabeza me da vueltas y a menudo, como ahora, se me nubla de tanto trabajar. Lo más triste —aunque sea necesario— es que la mayor parte de las veces lo que me absorbe no es algo tangible que pueda pensarse detenidamente y luego dejarse de lado. Lo que de verdad me quita el sueño es la necesidad de decidir qué es lo que quiero escribir y de qué modo concreto debo escribirlo. Sé que acabaré haciéndolo, pero aún me llevará mucho tiempo. El principal problema es la terrible ansiedad que siento por escribir tan bien como pueda. Sonará presuntuoso, y puede que lo sea, tanto da, pero haré cualquier cosa para convertirme en un gran escritor. Lo digo con absoluta sinceridad. Pero ¿se da cuenta de lo que eso conlleva? Para empezar, no tengo ninguna fe en mi capacidad innata para llegar a ser más que un escritor muy menor. No tengo el músculo intelectual de un Milton, es así de sencillo, de modo que me veo obligado a ejercitarlo, o más bien a torturarlo, de sol a sol. Tengo que ensanchar, profundizar y enriquecer mi mente al máximo, acelerarla y agilizarla tanto como pueda; ha de ser enormemente receptiva y, sin embargo, perfectamente equilibrada. Por otro lado, tengo que robustecer llas zonas más débiles de mi talento y encontrar mi propia forma de expresar lo que quiero decir. Verá: por ridículo que parezca me gustaría emular a Shakespeare; quiero decir que ante todo me gustaría escribir sobre la gente, darle a sus emociones y sus dramas la expresión que, por belleza y fuerza, tenga más posibilidades de perdurar. Aún peor: en cierto modo me gustaría combinar lo que hizo Chéjov con lo que hizo Shakespeare; es decir, mezclar la belleza sutil, casi monótona, de Chéjov con las grandiosas tramas geométricas de obras como *El rey Lear*. Y efectuar esta transición sin que resulte ridícula: que todo —palabras, emociones, personajes, situaciones, etcétera— fluya con naturalidad pese a estar dotado de una simetría perfectamente perceptible y de una *música* perfectamente definida. Por decirlo de forma no del todo precisa: *quiero escribir sinfonías*. Así, los personajes que entren en acción de un modo casi imperceptible (como los temas de una sinfonía, digamos) volverán a aparecer más tarde bajo una luz nueva, con renovada orquestación verbal, trabajando en contrapunto para alcanzar una belleza inmensa y demoledora… En fin, es probable que con esto entienda lo que busco al menos hasta el punto en que yo mismo lo entiendo.

Creo que la novela no es el lugar más adecuado para lograr esta clase de cosas: la prosa limita mucho la posibilidad de encontrar esa clase de música. Y escribir una obra de teatro en verso parece, en el mejor de los casos, una estupidez; además, mucho de lo que estoy buscando no se puede expresar en forma de diálogo. Tiene que ser narrativa poética, pero de una clase inédita hasta la fecha, hasta donde yo sé. En los poemas de este tipo que he leído hasta ahora el medio resulta demasiado rígido para lograr una atmósfera con suficientes matices, por ejemplo, o para conseguir cualquier otro efecto que puede lograrse con relativa facilidad en un relato o una novela. He pensado en inventar una especie de estilo anfibio: una prosa que se convierta en poesía cuando la ocasión exija expresiones más líricas. Puede que ahí resida la solución, pero no me acaba de convencer. Lo que quiero es concebir una dicción poética que abarque un espectro completo de acontecimientos con la perfección y uniformidad con que la piel cubre cada órgano, sea vital o trivial, del cuerpo humano. Por descontado, este estilo no puede ser incongruente, sin importar el tema sobre el que escriba; quisiera, por ejemplo, que diera espacio a la comedia: la clase de comedia que precisa diálogos y descripciones coloquiales.

Lo cual me lleva a otro problema: el uso de las palabras en general. Me da verdadero miedo caer en el arcaísmo o en el lenguaje «literario»: quiero usar un vocabulario lo más rico posible, pero las palabras tienen que estar vivas.

En fin, ésa es una de las cosas con las que me entretengo, y ya ve los derroteros por los que me conduce. ¿Por qué clase de personajes habría de inclinarme, por ejemplo? Quiero que sean contemporáneos, en la superficie al menos. Y está claro que los personajes contemporáneos van muy bien para las novelas, pero no tanto para la alta poesía. Por otro lado, ¿cómo tendrían que hablar? En los clímax es evidente que no pueden hablar de un modo realista, y en las secciones más tranquilas sería igual de absurdo que se pusieran a hablar en verso blanco.

La vida es demasiado corta para entrar en más detalles, pero esto es parte de lo que últimamente me mantiene ocupado... y descontento. El proyecto cae dentro de los límites de lo posible, pero se aleja de lo probable. Hay demasiadas cosas conjuradas para echarlo a perder: en general, los ires y venires de la vida cotidiana; pero lo cierto es que también necesito vivir una vida tan tranquila, serena y cabal como sea posible, vivir y sentir como un ser humano y no como un bicho de sangre fría. A veces parece tan fácil, lo de ser «humano». Los sentimientos ajenos me importan tanto como siempre y me duele herir a los demás. Es una faceta por la que debería dar gracias, y las doy, pero lo cierto es que complica las cosas. Para empezar, con mis mejores amigos termino sintiéndome un poco bobo: como no quiero mostrarme afligido o introspectivo me comporto como el ser más aburrido del mundo. A esto se suma que muchos otros ya se han licenciado o se han ido de aquí por motivos diversos, así que la mayor parte del tiempo me siento muy solo. Los temas que he intentado esbozar antes me absorben demasiado para concentrarme en mis estudios; no trabajo demasiado y sin embargo me siento agotado a todas horas. No crea que no tengo manera de relajarme hasta cierto punto: me gusta pasear, sobre todo de noche —aunque muchas veces estoy demasiado cansado para salir—; me gusta escuchar música —pero eso supone andar mariposeando por las tiendas de discos o saltarme clases para encontrar una entrada de última hora para el concierto de música clásica de los viernes—. También me gusta tocar el piano de vez en cuando. Hay una pieza de Cesar Franck que me entusiasma desde hace un tiempo: *Preludio, fuga y variación*. Ayer pasé tres horas tocándola. He ido a ver unas cuantas películas, una obra de teatro y tres conciertos. Franklin Miner viene a verme una vez por semana y salimos a pasear y almorzar. Siempre que puedo voy a ver a un joven tutor que se llama Ted Spencer...

Ya tengo que ir a acostarme, padre. No es la carta que me hubiera gustado escribirle, pero estoy extenuado. Espero que no tarde en responderme, yo haré lo mismo. Cuénteme de sus planes para el college, de usted y de la señora Flye. Quisiera verlos a los dos. ¿No vendrán al norte en Navidades? A lo mejor podemos vernos entonces. Eso espero.

Les mando todo mi cariño a los dos,

RUFUS

Querido padre Flye:

[*Rockland, Massachusetts*]
Domingo 27 de diciembre
[*de 1931*] *por la noche*

Antes de contestar me hubiera gustado acabar de leer su artículo (que sólo he leído en parte),* pero tengo demasiadas ganas de escribirle. Durante el poco tiempo que llevo en casa he pensado mucho en usted, sabiendo que va a estar en Nueva York los próximos días y que se acerca la Navidad. Hay tantas cosas que querría contarle y que exigirían tan enrevesados preámbulos y explicaciones, que daría lo que fuera por verlo y poder hablar de ello durante días y semanas enteras. No es que sean cuestiones importantes, pero igualmente me encantaría poder contárselas y también preguntarle muchas cosas. Lo más seguro es que no lo consiga: en las cartas suelo hacerme un lío y me cuesta llegar al tema concreto.

El caso es que me gustaría escribirle una carta sin preocuparme por la extensión y hablar de todo lo habido y por haber, tal como lo haríamos *en persona*; pero seguramente esa carta terminaría teniendo quinientas o seiscientas páginas, así que, como siempre que me siento a escribirle, me veo ahora en la necesidad de entresacar trabajosamente unas pocas cosas de esas quinientas páginas, con lo que, otra vez como siempre, terminaré ofreciéndole una imagen muy fragmentaria e insatisfactoria de lo que le quería decir...

Hace un año es un buen comienzo: hace un año estaba en esta misma casa, leyendo un poco, tocando bastante el piano, escuchando la *Primera sinfonía* de Brahms (el regalo de cumpleaños de mis padres) en el fonógrafo y escribiendo lo que podía, que no era mucho.

Creo que ya le he hablado de los Saunders, pero no estoy

* «Some Movements in Modern Education» [Ciertos movimientos de la educación moderna], publicado en *The Sewance Review* en enero de 1932.

seguro. Los conocí el año pasado, en primavera, gracias a Ted Spencer (que me ha ayudado mucho aquí en Harvard) y a la semana siguiente volví a verlos para pedirles su ayuda para obtener un puesto docente. Me aconsejaron que primero acabara mis estudios: así lo hice, y me alegra. Me encantaría que los conociera —como me gustaría que conociera a todos mis amigos— pero en el caso de los Saunders lo que me haría más ilusión es que ellos pudieran conocerlo a usted. Dejando aparte mi propia familia, son la familia más hermosa y feliz que jamás haya podido conocer y tratar. Es difícil escribir sobre ellos sin caer en la sensiblería. No creo que valga la pena decir mucho más, y no lo haré. El señor Saunders es un poco como mi abuelo, con la misma calma, apostura y fortaleza, pero sin su amargura ni su tristeza. Si de joven hubiera luchado por despuntar en alguno de sus talentos (la música, probablemente, o la pintura) no sé hasta dónde habría llegado; en cualquier caso, debía de ser muy joven cuando decidió renunciar a esa posibilidad y trabajar con calma y empeño, pero sin ningún egoísmo, en *todas* las cosas que le importaban… lo que lo condujo a la más completa y genuina felicidad de la que he sido testigo. Encarna el equilibrio más perfecto entre la introversión y la extroversión —la *moderación* griega— en todos los aspectos de la vida, salvo en la religión. Por su parte, su mujer es diametralmente opuesta en cada aspecto de su naturaleza mental y emocional, pero a su manera intensa y eléctrica es igual de equilibrada que él. Tuvieron dos hijas que han salido al padre y la madre, respectivamente, un hijo que tendría ahora veinticinco años, pero que murió a los quince, cuyas cartas y poemas he leído y son realmente hermosos —creo, como sus padres, que tenía un gran futuro por delante, y es evidente que como persona era excepcional—; y otro hijo que tiene 19 años y que es, como el resto, encantador y muy buena persona.

Disculpe la digresión y toda esta información marginal; a eso me refería cuando dije que tengo muchas cosas que *decir* que no pueden ponerse por escrito de forma medianamente decente, ni siquiera aceptable: muchas cosas que en una carta resultan aburridísimas (y que por eso mismo deberían omitirse) podrían ser apasionantes en una conversación, y ni siquiera vale la pena explicar por qué.

Sea como fuere, he tenido la suerte de caerles en gracia y hoy me siento tan cerca de ellos como de mi propia familia; hace un año esperaba con impaciencia la llegada de la más joven de las hijas y una amiga suya, a la que ya me habían presentado, que iban a pasar el invierno en Cambridge... Llegaron en enero y se quedaron todo el semestre, asistiendo a clases, estudiando música y frecuentando a otros amigos... Aparte de ellas, a quien más he visto este año es a Franklin Miner, un apasionado de la arqueología, las lenguas (habla catorce), las idiosincrasias nacionales, el teatro y la literatura alemana (más o menos en este orden). A él lo he visto muchísimo.

Aun así, el elemento crucial de la primavera pasada fue I. A. Richards, un profesor invitado de Cambridge.[43] Me sería del todo imposible describírselo como persona o explicarle qué enseñaba... Sólo puedo decir que implicaba descubrir constantes e infinitas fuentes de belleza, fuerza, simetría y grandeza en la poesía y en la vida, y determinar sus causas. Richards es una especie de fusión entre Hamlet y un personaje de Dostoyevski, pero sin la frustración que impone la locura: con el corazón bien asentado y calibrado para entender el mal, la muerte y el dolor, y valorarlos sin tormento ni perplejidad. Puede que suene exagerado, pero también lo era el ascendiente que tenía sobre sus alumnos: exagerado y casi ilimitado. Quienes lo conocimos a principios de verano fuimos víctimas de un deslumbramiento absoluto y emocionante. Y a medida que el verano avanzaba, el deslumbramiento no sólo se mantuvo sino que se agudizó.

---

[43] Ivor Armstrong Richards, famoso crítico literario y profesor de retórica.

Pasé el verano en casa, leyendo y escribiendo. No tengo nada terminado, pero escribí bastante (alrededor de seiscientos versos y veinte mil palabras en prosa) y leí muchísimo y con fruición, especialmente *Los demonios* de Dostoyevski, que fue la chispa que prendió fuego a la yesca que Richards había dispuesto. Fue un verano muy tranquilo en el que se alternaron, con frecuencia casi semanal, momentos de total exaltación y de abatimiento absoluto. Y que sirvió, sin que fuera del todo consciente, para fermentar las ideas de Richards. Las últimas tres semanas de vacaciones de verano las pasé con los Saunders. I. A. Richards estuvo con nosotros parte del tiempo, y eso no dejó de tener su efecto. (Mi poesía le parece buena, por cierto... puede que más que buena.) Lo esencial fue intimar con todos ellos, y conversar por primera vez con su hijo, y conocer de verdad a Via y hablar con ella como no lo había hecho hasta entonces...[44] En eso también tuvieron mucho que ver Richards e, inadvertidamente, Dostoyevski. Empezamos a pasarnos las noches enteras charlando sin importar el tema o la hora. Via y su amiga pensaban pasar en Cambridge todo el año y me hacía una ilusión tremenda: estaba encantado con mis nuevas amigas.

Así que... volví a Cambridge mugiendo al cielo, los suaves flancos ceñidos de guirnaldas,[45] estrepitosamente feliz, lleno de energía y de planes de constancia y moderación, ansioso por comenzar el curso. Éste comenzó y... ¡zas! De pronto me vi leyendo como un poseso y haciendo los exámenes que suponen la tercera parte de la evaluación anual. Se acabó la moderación y se impuso la constancia, y así ha sido desde entonces, con apenas algún que otro receso. La constancia consiste

[44] Olivia Saunders, que se convertiría en la primera esposa de Agee.
[45] Alusión a dos versos de la «Oda a una urna griega» de John Keats: «To what green altar, O mysterious priest, | Lead'st thou that heifer lowing at the skies, | And all her silken flanks with garlands drest?» (¿A qué verde altar, misterioso sacerdote, / llevas a ese novillo mugiendo al cielo, / los suaves flancos ceñidos de guirnaldas?).

en una media de tres horas y media de sueño por noche y dos o tres comidas diarias; el resto del tiempo, trabajo o tiempo libre entre amigos. Unas tres noches por semana las paso conversando, generalmente con Via o Upham. El trabajo ha sido variopinto, a menudo infructuoso y casi siempre asistemático. He trabajado de forma más o menos constante hasta las cinco de la tarde todos los días en la revista, en clase, leyendo, escribiendo mis cosas y asistiendo a seminarios. También he visto a mis amigos con bastante regularidad y nuestros encuentros han sido de tal intensidad que bien podrían describirse como trabajo, o al menos han resultado tanto o más agotadores que cualquier otro trabajo que haya hecho jamás. Han sido, en fin, los tres meses más memorables y extraordinarios de mi vida... y probablemente también de la de muchos de mis compañeros. Los motivos son fáciles de entender, pero difíciles de poner por escrito: mi mente, mi cuerpo y mis nervios trabajaban a toda velocidad *a todas horas*, con una intensidad que me era desconocida, con la voluntad, el dolor y la alegría vibrando al unísono; todo poseía una concreción inusitada, pero sin perder jamás la claridad de lo abstracto. Hasta las cosas más vulgares e insignificantes parecían más vivas e interesantes que nunca, y apenas había algo vulgar o insignificante...

En fin, esto se ha ido reduciendo cada vez más a un recuento puramente emocional, lo cual dista mucho de mis intenciones. Mis estudios, proyectos y lecturas se han dispersado tanto en este frenesí que no soy capaz de rescatar ningún recuerdo concreto. Mucho Wordsworth y Donne y Joyce, y algo de Chaucer y de Coleridge, eso ha sido lo esencial, sobre todo Wordsworth, Joyce y la música. Lo poco que he escrito ha sido concebido con la rigidez de una composición musical, no porque se ajuste a una forma musical definida, sino por la complejidad de su estructura, la repetición de los motivos y la tentativa de escribir de forma *impersonal*, que es lo que distingue a la música pura de la música programática...

He comenzado el proceso de solicitud de una beca para

Oxford o Cambridge, y he estado buscando trabajo como profesor, pero por lo pronto le estoy dedicando mucho tiempo a una parodia de *Time* que se publicará en mi revista: tengo que avanzar todo lo que pueda antes de que acaben las vacaciones y tenga que hincar los codos para preparar los exámenes. Así que... voy a tener que dejarlo aquí y ponerme a trabajar. Si tuviera suficiente dinero iría a verlo a Nueva York estos días... pero estoy sin un centavo: tengo para los costes universitarios y poco más.

Les mando todo mi cariño a usted y a su señora... y mis mejores deseos de que el año que viene esa escuela suya vea la luz.

RUFUS

[Nueva York]
Domingo [14 de agosto de 1932]
por la noche

Querido padre Flye:

Pensaba que hoy podría escribirle una carta más larga, pero me he pasado toda la tarde y buena parte de la noche tratando de escribir poesía y he acabado con un dolor de cabeza espantoso, demasiado atontado para hacer nada de provecho. Durante las últimas dos semanas no he pensado en otra cosa que en escribir. Lo he intentado una y otra vez y al cabo no he escrito ni una palabra que valga la pena. El único texto medianamente decente que ha salido es para el encargo que tengo entre manos. Para el resto estoy bastante espeso. Me siento anestesiado emocionalmente y se me ha encogido y embotado la imaginación.

A veces siento que buena parte de la poesía es producto de la adolescencia... o de un estado de ánimo adolescente, y que a medida que esa mentalidad va cambiando, la poesía tiende a secarse. Creo que la mayor parte de la gente deja que eso suceda, y que la única opción es seguir luchando e intentándolo con toda el alma. Por desgracia, ni siquiera esto último ha dado resultado en mi caso: nada me da resultado últimamente, pero me sigue pareciendo que es mejor *insistir* que tirar la toalla.

Padre, no alcanzo a expresar lo que quiero decir acerca de esto ni de cualquier otra cosa. Ya me había acostumbrado a las rachas de desaliento, pero esto es distinto: es como si la desesperación se hubiera instalado en todo lo que quiero y en todo lo que me concierne. Si es cierto, como parece, que me estoy desintegrando mental y espiritualmente, y que no puedo hacer nada para evitarlo, preferiría no ser consciente de ello. Hace semanas que pienso en suicidarme, y no es que coquetee con la idea: me he sentido literalmente al borde del suicidio. Debería ser capaz de luchar para salir del pozo, ya lo sé, y el suicidio es una perspectiva que me repele y me asusta, pero no tengo un solo pensamiento que no entrañe dolor o desesperación de una u otra especie. Y reparar en lo abominables que son mis pensamientos no contribuye a mejorar la situación, más bien la empeora. Sencillamente no me veo capaz de ser la clase de persona que quiero ser, o de hacer las cosas que quiero hacer. Y no tengo la virtud suficiente para reparar en la mezquindad de mi insatisfacción y resignarme a ella. Lo cierto es que prefiero la muerte a la resignación.

Me escribe mi madre que está usted leyendo los cuentos de Chéjov. Por aquí tengo ese libro: valdría la pena buscarlo. Últimamente hay pocas cosas que realmente me gusten. ¿Ha leído sus obras de teatro? Recuerdo que en Londres fuimos a ver *El jardín de los cerezos*. Desde entonces la he visto varias veces y la he leído en voz alta otras tantas. Ojalá pudiéramos leerla ahora juntos.

Y ojalá también pudiéramos vernos y charlar un rato, aunque últimamente me sucede algo terrible, y es que cuando le hablo o escribo a un ser querido me enredo de tal forma en mi propia porquería que no puedo hablar de nada más.

Dios me ayude y lo bendiga a usted,   RUFUS

Hoy (lunes por la noche) ya me encuentro mejor.

Viernes [*18 de agosto de 1932*]

Querido padre: *por la noche*

No sabe cuánto le agradezco su carta. Antes que nada, he de decirle que me encuentro mucho mejor. Y completamente a salvo, creo, de mis pensamientos suicidas. Le aseguro que no era una idea que me agradara en ningún sentido, y que siempre tuve claro que no podía ser buena. De todas formas estuve cerca, y lo que más miedo me daba era hacerlo mecánicamente, sin pensar en ello. Supongo que es así como sucede la mayoría de las veces: el suicida es consciente de que lo motiva algo insignificante. El verdadero veneno que le conduce a uno al borde del suicidio (y que cualquier pensamiento positivo contrarrestaría) es el odio a sí mismo. Al menos ha sido así en mi caso. Y una de las cosas más crueles de ese odio es que, conscientemente, condensa y refuerza el desprecio que uno siente por sí mismo. Pero esto es pura palabrería porque, como le digo, ya he salido del pozo y no creo que tarde mucho en reponerme completamente. De ser así, no tengo motivos para temer una nueva recaída en mucho tiempo.

La *epidemia* de desesperación y hastío de la que me habla es terrible. Se diría que el *tono* espiritual de nuestro tiempo es el más triste y oscuro que hemos tenido en siglos. Y no sé quiénes se llevan la peor parte, si los hombres o las mujeres. Es igual de lamentable —aunque muy distinto— en ambos casos. Últimamente lo que más me conmueve es lo que les sucede a las mujeres: no conozco a una sola mujer dotada de cierta sensibilidad y gracia espiritual que no se haya visto afectada de algún modo, sobre todo las de menos de treinta años. Aparte de todo el bien que haya podido hacer en otros ámbitos, la ciencia y el pensamiento científico con pretensiones éticas prácticamente han supuesto la destrucción del amor. Por no hablar de las *nefastas* consecuencias del *feminismo*. Puede que las mujeres de la generación que viene o de la siguiente se vean beneficiadas, pero las de hoy están atravesando por un verdadero infierno al tratar de instalarse en un egocentrismo incómodo que no logran justificar, incapaces de conciliarlo con el amor (lo cual no tendría por qué resultar imposible) y condenadas de antemano al fracaso amoroso por el choque de las viejas convenciones en las que han sido educadas contra las convenciones nuevas que buscan con todo su corazón adoptar: quieren casarse, pero rehuyen el matrimonio, y en muchos casos acaban tan lastimadas y hastiadas por las rupturas y las mezquindades del amor que experimentan que pierden toda su capacidad para vivir el que siempre habían deseado. Conozco a tres que han quedado lamentablemente atrapadas en situaciones de este tipo, y a una cuarta, más joven, que va camino de algo todavía peor...

Padre, si hay algo que habría querido por encima de todo estos últimos años es haber estado más cerca de usted, y espero de todo corazón poder estarlo en un futuro inmediato. No sirvo para escribir cartas. Y aunque sirviera, la correspondencia es muy gris comparada con un encuentro en persona. Es algo que me duele en el alma cuando pienso en usted y en el tío Hugh: es lamentable y triste que, siendo la vida tan breve, pasen los años y nos comuniquemos tan poco con las personas que más nos importan. Me pesa, aunque no deje de hacer nuevos amigos, porque la intimidad de la amistad viene siempre, inevitablemente, acompañada del deseo de incluir en ella a todas las personas por las que uno siente lo mismo. Da tristeza que todas esas personas no se conozcan entre sí, y todavía más tristeza da que dos de ellas —contra toda lógica— no acaben de caerse bien. Cuando una amistad es de veras intensa uno siente brotar, como venido del Olimpo, un espíritu común, más sutil y preclaro que el de ninguna de las personas que lo forman, por lo que no admite vanidad alguna. Y siente también que bastaría con que un puñado de personas fueran conscientes de ello para que el mundo fuera un lugar mejor.

¿Le gusta Swift? Yo no lo había leído hasta el invierno pasado, y ahora estoy releyendo *Los viajes de Gulliver*. No sabría *expresar* la fascinación y la auténtica reverencia que me inspira. No creo que haya habido en este mundo mucha gente que haya transigido tan poco ante la crueldad de nuestra naturaleza, que haya sufrido tanto al presenciarla y haya sentido un amor tan profundo por lo que la raza humana *puede o podría llegar a ser*. Cuando oigo a alguien tacharlo de misántropo siento vergüenza ajena. Es probable que justamente los que piensan así encuentren más difícil que nadie entender la verdadera humanidad, porque sin duda se trata de personas amables y decentes que, sin embargo, *se resignan* oportunamente ante la corrupción para poder llevar una vida tranquila y feliz.

Cuando vuelva a visitarme tendré arreglado el fonógrafo. No aquí, sino en la oficina, para escucharlo de noche. Con la potencia que tiene, no hay lugar mejor para disfrutarlo que un rascacielos vacío. Me fascina escuchar allí la Novena sinfonía de Beethoven mientras la ciudad bulle doscientos metros más abajo: escuchar esa oda *grandiosa* derramándose sobre toda la tierra e imaginar a la humanidad entera entonándola al unísono, olvidado ya todo lo que nos separa, todo, salvo la alegría, el común amor por la tierra y la hermandad de los hombres: «¡Abrazaos, criaturas innumerables! ¡Que ese beso alcance al mundo entero!… Todos los hombres se vuelven hermanos allí donde se posa tu ala suave».

En mitad de esta gran depresión que asuela el mundo y con todo este asunto del comunismo hay dos sentimientos que me tocan más hondamente que ningún otro: uno es el que transmite esa música, un amor y una compasión y una alegría casi asfixiantes; el otro, más afín a Swift, es el que lo embarga a uno al ver a los seres que ama —a la turba que vive en mi edificio, por poner el caso— y descubrir en los rostros de la gran mayoría de ellos un tinte enfermizo, cruel y egoísta, acompañado a veces de una ceguera aparentemente universal ante la bondad, la virtud y la belleza. Tiene uno la sensación de que esa ceguera es incurable, de que todo esfuerzo será en vano… y entonces piensa en los siglos de adiestramiento en el dolor que han hecho falta para envilecerlos y ve que el esfuerzo merece la pena, que habría que dejarse el pellejo en el intento.

Estoy impaciente por volver a verlo cuando venga por aquí, y espero que pueda quedarse unos días al menos. No le costará mucho dinero, se lo aseguro.

RUFUS

Querido padre Flye: [*Nueva York*]
                                       Martes [*25 de octubre de 1932*]

Llevo semanas tratando de encontrar un tiempo que no tengo para escribirle una carta: no me gusta enviarle notitas. Por desgracia, esta carta será breve porque ahora mismo no puedo disponer de un tiempo que no es mío. Si me pongo frente a la máquina de escribir es sólo porque acabo de leer en el *New Republic* que un señor llamado Cuthbert Wright va a dar clases este año en St. Andrew's.[46] El año pasado estuvo en Harvard (creo que viene intermitentemente desde hace mucho tiempo). Yo no llegué a conocerlo; quien sí lo trató fue un amigo mío, Talbot Donaldson. Solía mandarnos muchas contribuciones al *Advocate*. Tengo curiosidad por saber si lo ha conocido ya y si lo ve a menudo. Me da la impresión de que es un tipo extraordinario, muy inteligente y también muy violento. No sé hacia dónde orienta toda esa violencia y rebeldía, pero algo me dice que allá en St. Andrew's será un camarada caído del cielo para usted. Me consta, por otro lado, que es bastante controvertido, por no decir algo peor, y es posible que no

---

[46] El profesor y poeta Cuthbert Vail Wright apareció en la antología *Eight Harvard Poets* (Ocho poetas de Harvard), de 1917, junto a escritores de la talla de E. E. Cummings, S. Foster Damon y John Dos Passos. También escribió una *Historia de la Iglesia católica* (1926).

acaben de congeniar. Espero que sí. En cualquier caso, estoy seguro de que coincidirán en sus opiniones sobre el college.

He estado ocupadísimo con un artículo sobre alfombras de fabricación mecánica;[47] acabo de terminar un borrador y estoy a la espera del veredicto, con lo que tengo un momento de asueto, aunque sea también de nerviosismo, como es natural. Estoy pensando en solicitar una beca Guggenheim, que me permitiría irme a escribir a Francia y quedarme el tiempo que me durasen los dos mil quinientos dólares de la dotación: una buena temporada, digo yo. Pero creo que no tengo muchas posibilidades de conseguirla (dan preferencia a escritores que hayan publicado y tengan cierta reputación). Según el señor Canby (a quien se lo consultó de mi parte el señor MacLeish)[48] sería mejor, tácticamente, presentarme el año que viene; entretanto, tengo que publicar todos los artículos que pueda. MacLeish cree que podría probar en el *New Republic* y en el *Saturday Review*. Mañana he quedado con el secretario de la Fundación Guggenheim para ver qué opina y preguntarle si tengo alguna posibilidad de obtenerla este año. El poema largo gusta bastante y estoy ansioso por encontrar (como me recomiendan) algún trabajo, estipendio o lo que sea, que me permita dedicarle mucho más tiempo.

Via está completamente recuperada y se ha mudado a Nueva York. La han contratado en una revista llamada *Symposium*: tiene un trabajo de media jornada, muy agradable y nada cansado. Nos vemos todo lo que podemos —es decir, constantemente— y la relación va bien. Yo tengo un genio de

---

[47] «Sheep and Shuttleworths» [Las ovejas y los hermanos Shuttleworth], *Fortune*, enero de 1933, p. 43 (sin firma).

[48] Henry Seidel Canby, reputado crítico y profesor de la Universidad de Yale. Por aquella época era redactor del *Saturday Review of Literature* y miembro fijo de la junta evaluadora de la Fundación Guggenheim. Archibald MacLeish fue un poeta modernista estadounidense; por aquella época era colaborador habitual de *Fortune*, donde trabajaba Agee, y podemos suponer que se conocieron en la redacción de la revista.

los mil demonios que nos hace sufrir a los dos, pero estoy tratando de entenderlo y mantenerlo a raya, o al menos mitigarlo. Y estoy haciendo algún progreso, gracias a Dios. Es uno de esos problemas intangibles y resbaladizos con los que es muy difícil lidiar, siendo, como somos, personas tan nerviosas; cuando se me va de las manos no es nada fácil para ninguno de los dos. A veces no tengo más remedio que pensar que poseo una vena melancólica asquerosa e indomable, pero sé que el verdadero peligro es esta clase de ideas neuróticas. Soy consciente de que la facultad más importante que debo desarrollar es la de adaptarme a una forma de vida que conlleve trabajo duro, constante y variado, pero entre ser consciente de ello y hacer algo al respecto media a veces un abismo. Además de la melancolía, a menos que forme parte de ella, está la inercia, la apatía, el asco que me doy a veces a mí mismo. Aunque ahora estoy de un humor excelente.

Les saludo con cariño a usted y a la señora Flye…

RUFUS

Querido padre Flye: *[Nueva York]*
                        Viernes [3 de enero de 1933]

Les deseo un muy feliz Año Nuevo a usted y a la señora Flye. Esperemos que lo sea también para nosotros. Via Saunders y yo nos casaremos a final de mes. Hace días que se lo quería decir: me lo ha impedido la presión constante que reina en la oficina. Parece que ahora ha disminuido un poco, dejándome, como podrá apreciar sin mucho esfuerzo, completamente atontado e inerte, sin conversación ni cabeza ni energía para escribir o pensar en lo que me gustaría decirle. Me voy dando cuenta de lo que implica este periodo de compromiso y preparación del matrimonio, cosas que a veces son difíciles de asimilar, por banales que sean. Una es que pensar en el matrimonio no lo hace a uno más proclive a tener sentimientos elevados: alegría, buen ánimo o el prolongado éxtasis de quien va a ordenarse sacerdote o a componer un poema. Desde fuera parece un asunto sencillo y satisfactorio, sin lugar para nada que no sea una felicidad absoluta, pero en realidad se trata de una situación muy seria y no la tomaría a la ligera por nada del mundo. Via siente lo mismo. La desgracia es que, en mi caso, la mitad de las veces tiendo a confundir la seriedad con la melancolía. Y Dios sabe que para ella es muy duro. Otra de las cosas que he notado es que cuando uno habla del tema tiende a centrarse en su parte negativa. La parte positiva uno la entiende mejor, y sabe que los demás también, y caer en el somos-la-pareja-más-feliz-del-mundo no es sólo una mentira más que probable, sino un asunto privado. El caso es que todo lo que voy notando no tiene ninguna importancia: preferiría dejar de notar tantas cosas. Lo peor de todo es que uno escribe dos líneas sobre el tema y no puede evitar dar la impresión de que está constante y absolutamente insatisfecho con la decisión que ha tomado, y le aseguro que no lo estamos.

Hemos encontrado una casa cerca de la del tío Hugh y Via se ha instalado ya. Es un edificio precioso, muy antiguo. Tenemos dos habitaciones en el sótano (se lo digo por si le interesa), una cocina un poco más espaciosa de lo que suelen serlo en este horror de ciudad, un porche trasero cubierto y espacioso y un gran jardín con piscina, árboles enormes, un césped incipiente, arriates de flores y hiedra. Nos casaremos el sábado 28 de enero en una iglesia de Utica. Via quiere confirmarse. Le he aconsejado (y ella lo prefiere, creo que con razón) que se tome su tiempo: es decir, que se convierta si está absolutamente convencida de ello, que no lo haga sólo para casarse por la Iglesia. Si en esa fecha pudiera acordarse de nosotros en su misa le estaríamos inmensamente agradecidos.

Les mando a los dos todo mi cariño,

RUFUS

Querido padre Flye:

Gracias por su carta… Pasamos unas vacaciones estupendas, pero ahora que estoy de vuelta los problemas se multiplican… En primer lugar, estamos sin un centavo y yo tengo que ganarme la vida. En segundo lugar, más allá de las necesidades materiales, mi trabajo me importa muy poco, salvo en lo que puede aportar a mi escritura. En tercer lugar, el redactor jefe quedó muy impresionado con mi artículo sobre el valle del Tennessee (que se publicó en mi ausencia) y esta mañana me ha llamado a su despacho para hablar conmigo.* Ha sido tan sincero y amable como ha podido: me ha dicho que era uno de los artículos mejor escritos que había visto en *Fortune*, pero sabe que soy muy desorganizado y que no tengo mucha idea del oficio. Por mis dotes para la escritura está dispuesto a hacer una excepción y mantenerme en plantilla; con ciertas condiciones, naturalmente: me asignará complicados artículos económicos a un ritmo frenético y tendré que esforzarme al máximo por coger el ritmo; no esperan que aprenda de la noche a la mañana, siempre que demuestre cierto interés por hacer bien mi trabajo y asumirlo como parte de mi carrera profesional…

Me lo ha dicho con total franqueza y buena fe y no he sido capaz de decirle: «Perdone, pero no me interesa» por diversas razones. Una es que si he de dejar este trabajo preferiría hacerlo por la puerta grande y no por la de atrás. Otra es que no tengo ningún otro empleo en perspectiva y ninguna otra fuente de ingresos. Así que le he dado las gracias y le he dicho que podía contar conmigo.

¡Sólo Dios sabe cuánto me ha costado! No tengo nada malo que decir de mis jefes; el trabajo es interesante en muchos sen-

---

* «The Project is Important» [El proyecto importa], *Fortune*, octubre de 1933, p. 81 (sin firma).

tidos; pero no sé de qué me va a servir convertirme en un buen economista… Por poco que haya escrito hasta ahora, y poca confianza que tenga en mis aptitudes, sigo pensando que la vida es corta y que para mí no hay nada en este mundo más importante que aprender a escribir. ¡Y para eso el tiempo es *imprescindible*! Tengo la sensación de que los muros de la cárcel cada vez son más gruesos, pero si les contara con franqueza lo que pienso muy pronto estaría en la calle. ¿Y entonces qué? ¿Cómo viviríamos? ¿Qué sería de Via?

Si fuera tan quijotesco como me siento a veces, dejaría el trabajo hoy mismo. Y mañana me moriría de hambre o me quedaría sin ideas. No se me ocurre cómo resolver el problema: no sé cuál sería el camino más sencillo. Y aunque lo supiera, no sé si querría seguirlo. Si tuviera tanta confianza en mi talento como ganas de escribir, todo sería mucho más sencillo, pero mi confianza es variable y a menudo nula. Aun así, nunca disminuye lo bastante como para plantearme renunciar a escribir.

Un fuerte abrazo a los dos,   RUFUS

Querido padre Flye: [*Nueva York,*
                                        30 de octubre de 1934]

Dentro de dos o tres días, cuando consiga otro ejemplar, le enviaré mi libro de poemas.* No es que lo considere gran cosa, pero espero que le guste tenerlo y hojearlo: si un moribundo les dejara a sus amigos su pelo y las uñas de sus pies, nadie le acusaría de envanecerse de su pelo, su amistad o las uñas de sus pies. Ya sé que no estoy agonizando, y también que usted es mucho más que un amigo, pero le aseguro que

---

* *Permit Me Voyage* [Permítanme viajar], poemario de Agee con prólogo de Archibald MacLeish, colección Yale Series of Younger Poets, Yale University Press, 1934.

el motivo de estos remilgos es más genuino de lo que parece: estoy pasando por un auténtico martirio mental y espiritual y, en medio de este sufrimiento, el libro y su contenido son la parte menos importante del problema, porque son cosas tangibles. El resto es mucho más inexpresable y dañino, aunque gira en torno a un problema aparentemente sencillo: cómo convertirme en quien quisiera ser, si no puedo. Esa aparente nimiedad es lo bastante temible y complicada como para llevarme al borde del suicidio, como quien se asoma todo lo que puede por la ventana más alta de un gran rascacielos sin llegar a caer, pero sin poner especial esmero en no hacerlo. Esto tiene los más variados efectos. Uno es la apatía, una suerte de sedimento plomizo y viscoso que siempre he llevado en la sangre y que se espesa cada vez más, haciendo cada vez menos agradable y tolerable vivir conmigo (y en mí). Otro es que, sin guía, equilibrio y coordinación, mis ideas, impresiones y deseos, que ni siquiera consigo expresar, luchan por imponerse en mi cerebro como bestias salvajes de diverso tamaño y ferocidad que, sin llegar a devorarse entre sí, acaban destrozando el zoológico, o mejor: como cables sueltos de alta tensión que se cruzan y provocan cortocircuitos y espasmos ardientes que recorren mi organismo sin que ninguno llegue a conectarse el tiempo suficiente para transmitir cierta energía o iluminar nada. La respuesta más sabia sería que hay un solo guía y coordinador, y que para llegar a él es preciso negarse a uno mismo. Pero esa respuesta no puede significar nada si no la descubro por mí mismo. Sin ese escrúpulo estoy condenado al fracaso: yo mismo debo descubrir y comprender lo que es fundamental, o no servirá de nada. Es un problema insoluble, en fin, al menos durante el poco tiempo que me tomará terminar esta maldita carta. Creo que puedo prometerle que no me suicidaré. También puede estar seguro de que lamento lo que he escrito aquí y me avergüenzo de ello en todos sentidos menos en uno, a saber: que entre amigos ni siquiera las peores cobardías deben callarse o considerarse una deshonra. Por otra parte, sé que en mi vida hay un montón de cosas de las que debería disfrutar y alegrarme, muchas más de las que merezco, sólo que yo mismo las coloco fuera de mi alcance.

Un fuerte abrazo y otro de mi parte a la señora Flye,

R.

Querido padre Flye: [*Nueva York,*
                                              30 de octubre de 1934]

Perdóneme la carta de esta mañana. Pero no le escribo sólo para disculparme. A mediodía me ha venido a la cabeza una pregunta que quería hacerle hace unos meses, y que había dejado de lado, sobre la posibilidad de dar clases en St. Andrew's. Hace algún tiempo que me digo que tarde o temprano —más temprano que tarde— debo renunciar a este trabajo y a cualquier otro que me quite la mayor parte del día y concentrarme en escribir y en todo lo que tengo que leer, conversar y ver; dedicar, en fin, el tiempo necesario a la escritura. Es un problema dificilísimo en términos prácticos, porque no tenemos dinero y necesitamos vivir y ganar cuanto antes lo necesario para mantener a una familia (aunque la verdad es que no hay tanta prisa). En otras palabras, tengo que encontrar algún modo de ganarme la vida que me dé también la mayor libertad posible. Una combinación complicadísima. De ahí surge la idea de St. Andrew's. Quisiera renunciar a este trabajo en el plazo de un año, si es posible, aunque aún no estoy seguro. Antes que nada, ¿cree que habría alguna posibilidad de que trabajara allí como profesor? Pero hay cosas más complicadas todavía, a saber: (1) La docencia me atrae casi tanto como para tenerle pavor; sin embargo, trataría de predisponerme al puesto con absoluta frialdad: me lo tomaría como un trabajo y trataría de hacerlo lo mejor posible sin dejarme el alma. (2) Según su propia experiencia, ¿cree que dando clases en St. Andrew's dispondría de suficiente tiempo libre? (3) ¿Le parece que podría dar clases (a) lo bastante dignas para no avergonzarme y (b) sin sucumbir a la presión? Yo me veo capaz, pero soy consciente de mis limitaciones. (4) Esto es de especial importancia: ¿cómo cree que le sentaría a Via? La vida allí sería muy extraña para ella, como puede imaginar, y aunque cambiar la vida que uno lleva por otra más dura puede ser «bueno», al final eso depende de cada cual. Via es una persona extraordinariamente amable, sensible y compleja, en absoluto exenta de los peligros de la melancolía, etcétera, y es posible que la vida allí le hiciera mucho daño. Ya sé que le hago un montón de preguntas difíciles, pero cualquier respuesta será bienvenida.

¿Ha tenido ocasión de ver alguna de las *Silly Symphonies* [Sinfonías tontas] de Walt Disney?[49] Son una maravilla. Una curiosa mezcla de Mozart, super-ballet y La Fontaine... Otra de las cosas que hay que ver, por lo que he oído, es *Hombres de Arán.*[50]

Un fuerte abrazo, RUFUS

[*Nueva York*]

Querido padre Flye: *26 de noviembre* [*de 1934*]

Me he quedado sin ejemplares del libro y sin dinero al mismo tiempo,* pero si encuentro papel de embalaje pienso enviarle hoy mismo un ejemplar algo maltratado que le había prestado

* *Permit Me Voyage.*

[49] Serie de cortometrajes de animación de Walt Disney estrenados entre 1929 y 1939, donde hicieron su primera aparición el Pato Donald y Pluto.

[50] Documental de ficción dirigido por Robert J. Flaherty y estrenado el año 1934 sobre las duras condiciones de vida en las Islas de Arán, en la costa occidental de Irlanda, antes de su posterior modernización industrial, filmada en inglés y gaélico irlandés.

a un amigo. Siento que no sea nuevo y, sobre todo, que le llegue con tanto retraso. Y también siento mucho las dos cartas que le envié el otro día, que le habrán dejado preocupado. Tendría que pensármelo dos veces (o más) antes de escribir cartas cuando estoy tan bajo de moral. Tiene usted razón en que, aunque hubiera habido alguna vacante, habría tenido que reconsiderar —y ya lo hice por mi cuenta— la idea de dar clases en St. Andrew's. Es muy mala, con pocas ventajas. A decir verdad, estoy convencido de que podría dar clases y hacerlo bien; de hecho, ésa es una de las razones por las que pienso que no me convendría ser profesor (hasta el punto de haber rechazado en dos ocasiones la oportunidad de conseguir un buen puesto). En cuanto a las desventajas que tiene la docencia para un escritor, no podría estar más de acuerdo; en realidad, creo —aunque no puedo estar seguro— que no hay oficio en este mundo que no sea perjudicial para un escritor, incluido el de escribir, y que cualquiera que haya de ganarse el pan tiene que dar por sentados esos inconvenientes y tratar de encontrarle a cada empleo las ventajas que pueda ofrecer. Aun así, y aunque no haya trabajo bueno para un escritor, peor sería vivir de matar gente. Lo cierto es que no hay respuesta o solución que valga y, a falta de una, sólo podemos concluir: vive como puedas, entiende lo que puedas, escribe cuando puedas, sobre lo que puedas y tanto como puedas. No tengo ni idea de lo que haremos cuando deje este trabajo. Lo único que tengo claro es que debo dejarlo. Probablemente trate de conseguir un sitio para el próximo invierno en Yaddo, una colonia artística filantrópica cerca de Saratoga. En fin, lo esencial es tratar de trabajar tan duro que no importe cómo o por qué se vive. ¿Ha leído las cartas de D. H. Lawrence?[51] Puede que le aburran o le exasperen, no lo sé. También es posible que,

[51] Se refiere, probablemente, a la recopilación de cartas realizada y prologada por Aldous Huxley, en 1932, con el título *The Letters of D.H. Lawrence*.

por el contrario, las disfrute y Lawrence le parezca admirable. Me da que estaba un poco loco, y no cabe duda de que era un genio. Y ahora estoy convencido, además, de que era uno de los personajes más grandes y más próximos a la santidad que haya dado jamás la literatura. Más honesto que él no ha habido nadie, desde luego. Hubo un francés a mediados del siglo XIX, cuyo nombre no recuerdo, que pasó a la historia principalmente como el inventor de la gran tontería de la supremacía nórdica que Nietzsche y Wagner promovieron y que hoy ha emponzoñado a toda Alemania; cuando era más joven y más sensato propuso clasificar a los seres humanos en las siguientes categorías: «fils-du-roi»; «imbéciles»; «drôles» y «brutes».[52] Será errónea y trivial en muchos aspectos, no lo niego, pero tiene cierto interés. Y tiene su gracia servirse de ella para tratar de clasificar a personajes y amigos. Lawrence, creo, participaba de las tres categorías inferiores, aunque era antes que nada un «imbécile», sólo que magnetizado por la categoría de los «fils-du-roi» a la que estaba seguro de pertenecer. Beethoven fue un «fils» por sus méritos, aunque fuera un «brute-imbécile» por naturaleza y, por tanto, un «drôle». Bach era un «fils» nato y participaba de las otras tres categorías por igual. Shakespeare apenas tenía nada de «brute», era un «fils» nato con mucho de «drôle», y un «imbécile» de lo más inocente. Mozart era el «fils» más puro que quepa imaginar; y allí donde no era «fils» era un «imbécile», sus rasgos de «brute» eran los de un animalillo salvaje, delicado y veloz. Su «drôlidad» estaba a la altura de su «imbécilidad». Nijinski: un «imbécile» en grado supremo, casi regio. Galsworthy: un «drôle» puro. Whitman: «brute-imbécile», medio «fils». Y así sucesivamente. Rembrandt, «fils» y «brute». Roosevelt, un «drôle» embebido en su circunstancia hasta el punto de

[52] Se refiere a Joseph Arthur de Gobineau, que propuso esta cáustica clasificación del género humano en «hijos de rey»,«imbéciles»,«pillos» y «brutos» en su obra *Las Pléyades*, de 1874.

ser casi un «imbécile» y parecer un «fils» a cierta distancia o mediante un juego de espejos. Lincoln, uno de los más grandes y tristes «drôles» que haya habido nunca. Leonardo, un «fils» químicamente puro y bien frío; Miguel Ángel otro, de la clase más vehemente, aunque mezclado.

Espero que la señora Flye esté bien y usted también... Quiero escribirle con más frecuencia y le prometo que lo intento, pero las cartas no son lo mío.

R.

Querido padre Flye: [*Nueva York, 6 de junio de 1935*]

Muchísimas gracias por su carta y por los poemas... Me alegro de tener el poema de los laureles,* que no había leído; el otro también me ha gustado mucho y voy a intentar traducirlo. Si los resultados son medianamente decentes, se lo enviaré. Housman realizó una traducción muy libre de los laureles, lo cual siempre vale la pena si el resultado es bueno, y creo que en su caso el resultado es tan bueno que roza lo excepcional. Es el poema introductorio al libro que tituló *Last Poems*: «No iremos más al bosque». [53]

Espero que le guste el artículo sobre la TVA... [54] Bueno, en realidad no, porque a mí no me acaba de gustar: es simplista, superficial y limitado. La prosa no está mal del todo. Logro escribir alguna cosa, a trompicones, y tengo varias ideas para una obra más larga.

---

* «Nous n'irons plus au bois, les lauriers sont coupés» [No volveremos al bosque: han cortado los laureles], de Théodore de Banville.

[53] «We'll to the woods no more», primer hemistiquio del poema de Théodore de Banville.

[54] Tennessee Valley Authority: compañía hidroeléctrica inaugurada por Franklin D. Roosevelt en tiempos del New Deal que explotaba la energía del río Tennessee. Hoy, la TVA es la mayor compañía hidroeléctrica pública de Estados Unidos.

(2 ó 3 días más tarde… miércoles, para ser exactos.)

No estoy seguro de su contenido ni de la clase de obra que será, aunque creo que será bastante dura y bastante amarga. Estoy escribiendo para *Fortune* un artículo sobre los corredores de apuestas (de carreras de caballos) de Saratoga.* Es un reportaje difícil, uno de los pocos encargos interesantes hasta ahora. Tengo varias partes del poema del día y la noche repartidas por diversos escondrijos del centro de la ciudad, espero poder juntarlos pronto para pasarlos a máquina y enviarle una copia. Una de las cosas que más me apetece es hacer una historia de Estados Unidos como Dios manda, pero no estoy cualificado para escribir una historia real o impersonal, de modo que será tan impersonal e «impresionista» como un poema, y más bien alocada y fragmentaria, creo: una mezcla de lirismo, citas, estadísticas y sátira, sobre todo esto último. Técnicamente, la idea fundamental tiene muchas posibilidades, a saber: partir de un conjunto de hechos bien conocidos y consagrados por la tradición, asumir que el lector los conoce (sea cierto o no) y, en lugar de exponerlos, combinarlos del modo más desconcertante posible y jugar con distintas variantes. La estructura equivaldría, esencialmente, a: (1) presentar un tema y (2) plantear variaciones insólitas sobre él; aunque el tema como tal no se explicitará nunca, salvo como una cuestión general. Hice un primer intento hace dos o tres años con la vida de Cristo, con la misma idea de que el lector ya la conoce, contándola en los términos de Bruce Barton y los sacerdotes progresistas[55] y combinándola con una versión ramplona de Freud y una cantidad considerable de jer-

---

* «August in Saratoga» [Agosto en Saratoga], *Fortune*, agosto de 1933, p. 63 (sin firma).

[55] Escritor, publicista y político estadounidense de corte conservador, responsable de famosas campañas publicitarias y abanderado del sueño americano como una combinación de puritanismo y leyes de libre mercado.

ga de catequesis dominical. No llegué a terminarlo, pero creo que como estructura general puede funcionar, o eso espero. Otra idea: que en la mayoría de la literatura actual de cierta calidad hay una profunda conciencia sobre la corrección «antropológica», es decir, que si la obra retrata a obreros, el escritor pone sumo cuidado en que hablen en el dialecto exacto de Pittsburgh y no en el de Gary, Indiana; en que nadie conduzca un deportivo amarillo con adornos cromados a menos que se sepa científicamente que ése sería el coche que conduciría el personaje. De esta práctica soy la primera víctima, por cierto, y creo que en muchos sentidos está muy bien, pero me pregunto si no sería «liberador» y «vigorizante», tanto para la técnica como para el lenguaje —y para la mente del escritor y del lector—, prescindir de esta meticulosidad científico-periodística y tener margen para crear, en una obra de teatro, por ejemplo, un «lenguaje obrero genérico», de modo que ese obrero de Pittsburgh pudiera servirse del argot de los vaqueros, de expresiones propias de los alpinistas, de la jerga de los hipódromos o de cualquier otra cosa que pueda contribuir a reforzar su habla en un momento dado. Y, ya puestos, mezclar los registros de forma que quedara sólo uno: la lengua hablada o natural, y aún más: ignorar la distinción entre la lengua hablada y escrita de modo que existiera únicamente una lengua completa; así, el redactor periodístico podría usar en una misma frase el argot de los marineros, la jerga de los mineros o expresiones litúrgicas. En fin, no sé. El papel que desempeña un determinado contexto en el desarrollo de un ser humano y de su modo de hablar es demasiado importante como para ponerse a jugar con él, pero sin duda existen maneras más eficaces para hacer que los parlamentos de un personaje resulten verosímiles.

Voy a tener que dejarlo aquí y ponerme a trabajar. Con todo nuestro cariño…

R.

Querido padre Flye: [*Nueva York*]
                                    [*23 de agosto de 1935*]

Le escribo dos palabras, aprovechando un momento de cansancio que no me permite trabajar en lo que debería. Me han
encargado reescribir un artículo sobre orquídeas que fácil-
mente podría describirse como un pequeño estudio sobre
el esnobismo,* y no acabo de encontrar el enfoque adecuado. Las flores en sí no tienen ninguna culpa, pero las reacciones de la gente hacia ellas han sido y son tan vomitivas que he
acabado odiando por igual a las flores y a quienes las admi-
ran. En lo que hace a mis proyectos personales, ando proban-
do al tuntún, como de costumbre, pero no he acabado nada
o casi nada. La mayor parte se sitúa entre la sátira y lo que
supongo que podría llamarse literatura «moralista»; me gustaría librarme definitivamente de ambas y comenzar a acer-
carme a la verdadera función del arte: intentar decir las cosas
como son, despojadas de cualquier opinión personal. No vale
la pena insistir en ello: por múltiples razones —que en el fondo se reducen a la escasez de energía y a la falta de tiempo—
mis tentativas nunca están a la altura (léase: traicionan) de las
cosas que conozco de sobra como para traicionarlas.

Estoy bastante harto del verano y del trabajo en esta ciudad, que va obrando su habitual embotamiento del espíritu a
fuerza de prisas y superficialidad. Esta carta es infame: discúlpeme. Puede que se lo haya preguntado ya, no estoy seguro: ¿ha leído *La condition humaine* [*La condición humana*], de
André Malraux; *Voyage au bout de la nuit* [*Viaje al fin de la noche*], de Ferdinand Céline; o *Fontamara*, de Ignazio Silone?
Los tres han sido traducidos al inglés, y creo que están a años
luz de las obras que se escriben aquí ahora mismo. (El título
en inglés de la de Malraux es *Man's Fate* [El destino del hom-

---

* «The U.S. Commercial Orchid» [La orquidea comercial estadou-
nidense], *Fortune*, diciembre de 1935, p. 108 (sin firma).

bre].) El libro de Céline tiene mucho de Swift, Montaigne y Rabelais: es un horror sin ambages de principio a fin, pero un horror escrito por la única clase de persona que tiene derecho a hacerlo: una persona de una absoluta gentileza y sinceridad.

Debería tratar de retomar el trabajo. A partir de noviembre voy a tener seis meses de excedencia: no sé adónde iré, ni siquiera si me iré o no de la ciudad. Les mando un cariñoso abrazo a usted y a su señora.

RUFUS

Querido padre Flye: [*Nueva York,*
                              17 de septiembre de 1935]

Gracias por su carta y por los poemas. No los tengo ahora a mano y tampoco he llegado a determinar cuál de las estrofas de Voltaire me gusta más,* lo que sí recuerdo es que el poema me encantó y me dejó bastante sorprendido (esto último se debe a que he leído muy poco de Voltaire y no sabía qué esperar).

El poema de David me resulta tan agradable y conmovedor como los primeros poemas de Keats. No sé si se trata de talentos comparables; siendo razonable, diría que no.** Quizá mis motivos le parezcan vulgares, ridículos e impertinentes, pero es que de verdad me interesa lo que David escribe, y no sólo que siga escribiendo y disfrutando de ello. Déjeme que le explique cómo lo veo, aunque sea muy brevemente y sin reflexionar demasiado: la mayor parte del lenguaje y buena parte del pensamiento y el sentimiento de su poesía es lógicamente «literario» —que es el modo en que se expresan

---

* François-Marie de Voltaire, «À madame du Châtelet».

** Se refiere a un poema de David McDowell, otro antiguo alumno de St. Andrew's que, tras la muerte de Jim, se encargaría de publicar *Una muerte en la familia* y los dos tomos de *Agee on Film* [*Escritos sobre cine*], McDowell, Obolensky, 1957, 1958, 1960, respectivamente.

más o menos nueve de cada diez escritores, sean malos, buenos o grandísimos, tanto da—: Dios sabe que en ese terreno hay mucho que aprender, pero también hay un montón de malos hábitos que se pueden adquirir y de los que luego es difícil e incluso imposible deshacerse. Lo que intento decir es que espero que se pueda hablar con él sobre la diversidad de temas importantes (indispensables, de hecho) de los que puede tratar la poesía y la literatura en general. Probablemente esto último sea una tontería, porque no creo que valga la pena darle consejos: las cosas importantes las aprende uno por sí mismo o no las aprende jamás. El caso es que estos asuntos me han dado muchos quebraderos de cabeza (aún me los dan) y me gustaría ahorrárselos a los demás, aunque lo cierto es que sólo puede resolverlos cada uno, así que ni siquiera debería haber sacado el tema a colación. Me alegro de que David tenga la posibilidad de entrar en Yale: se lo merece. O más bien —y discúlpeme por dar una opinión tan ingenua y personal— se merece todo lo que le abra el apetito, se lo agudice y finalmente lo alimente. No sé si lo hallará con más seguridad en Yale o en Harvard, aunque sé que en ambos lugares existe en forma muy concentrada, porque a menudo se disimula bajo un disfraz. No soy tan idiota como para pensar que una persona cualquiera —como yo mismo— es capaz de encontrar su camino sin ayuda, pero cuanto más haya de búsqueda personal y menos de orientación y de facilidades por parte de otros, mejor. La universidad me facilitó tantas cosas que las volvió irreconocibles. Sin duda, eso se debió a mis limitaciones, mi inmadurez, etcétera, pero sólo en parte. En retrospectiva, daría cualquier cosa por haber tenido acceso a una buena biblioteca y puede que a alguna clase magistral, y a amigos y conocidos de toda clase y nada más. Pero es una visión ilusa y posiblemente idealizada del asunto. Lo más probable es que no hubiera pensado con mayor claridad ni hubiera empleado mejor el tiempo de lo que lo hice y lo sigo haciendo. ¡Uf! La verdad que debería guardarme mis opiniones. En cualquier caso le deseo a David toda la suerte del mundo, sea lo que sea que eso signifique; por favor, dele recuerdos de mi parte.

No me había dado cuenta de que no le había hablado de la excedencia que he pedido. Comienza en noviembre y acaba en mayo. Aún no tengo muy claros mis planes. Cabe la posibilidad de que acepte un trabajo de media jornada como columnista de una revista llamada *Newsweek*, en cuyo caso renunciaría a la excedencia: dejaría el trabajo en *Fortune* y comenzaría a trabajar allí. Eso depende, en todo caso, de que me hagan la oferta en firme (ahora mismo está en suspenso); de que el salario sea suficiente para mantenernos (cosa nada clara); de si requeriría una inversión de tiempo lo bastante reducida para poder concentrarme en mis propios proyectos (parece que así es); y, hasta cierto punto, de que pueda soportar prescindir de esos seis meses completamente libres. Si las condiciones acompañaran, supongo que aceptaría el puesto, pero dudo mucho que eso suceda. Si no, es casi seguro que nos iremos de Nueva York durante la excedencia laboral: nos han ofrecido una casa de campo al noroeste de Connecticut y es posible que vayamos para allá, aunque también nos apetece alejarnos de la región y sus aledaños. Cualquier lugar en un radio de ciento cincuenta kilómetros se me antoja ruidoso y superpoblado: una especie de suburbio de Nueva York, aunque esté en mitad del campo; y el suelo de Nueva Inglaterra ha sido hollado por tanta gente que a estas alturas parece yermo en todos los sentidos. Ya sé que todo esto suena muy exagerado, pero para mí es casi literalmente así. En fin, que creo que nos iremos al Sur o al Medio Oeste; adónde exactamente, no tengo la menor idea. En algún momento habíamos contemplado la posibilidad de alquilar una casa de campo o algo parecido cerca de su casa, y la idea sigue rondándome, aunque creo que valdría la pena que pasáramos solos al menos unos meses, para que yo pueda adelantar algo de trabajo. Ya sabe lo mucho que me gusta conversar y lo propenso que soy a dispersarme, y en cambio me gustaría dedicar el mayor tiempo posible a escribir y a terminar algunos textos, si es que soy capaz. Sólo Dios sabe si al cabo lo lograré. Yo mismo lo dudo muchas veces, sin embargo confío en tener el trabajo lo suficientemente avanzado hacia marzo o abril como para sentir que al menos he puesto la primera piedra. Y espero que entonces podamos mudarnos cerca de ustedes y verlos a menudo. Ya ve que mis planes son más bien vagos y se pierden en todas direcciones, pero ahora mismo cualquier tentativa de concretarlos sería una impostura.

En cuanto a las orquídeas, es una estupidez por mi parte haberles cogido tal aversión: ellas no tienen la culpa. Probablemente se trata de una aversión transitiva: les cogí manía porque me repelían las personas a las que les gustaban y las razones que aducían: que algo pueda agradar porque es «lo más grande», «lo más llamativo», «lo más caro», «lo más cargado de erotismo», o porque rebose «glamour» y «prestigio», es algo que no me gusta. Y pensar automáticamente que una cosa es bella por tales razones me gusta todavía menos. Como artículo de consumo, que es como debería hablar de ellas en el artículo, las orquídeas atraen a más esnobs que cualquier otro objeto que conozca. Y, para colmo, en tanto flores no me gustan. Por descontado, la forma de cualquier flor responde a un propósito específico: reproducirse; en cualquier flor, reproducción y apariencia son una cosa y la misma, y no tengo absolutamente nada que objetar; pero me da la impresión de que la orquídea abusa de ese privilegio. «Su nombre deriva del griego *orchis*, que significa 'testículo', pero hay quienes consideran que ese nombre ignora ciertos detalles desagradables, pues creen que la orquidea sería mejor descrita como una pesadilla psicótica en tecnicolor. En cuanto a extravagancia sexual, también se le ha comparado, no sin tino, al trasero de una hembra de mandril en celo, y su labio inferior podría arrancar verdes espasmos de envidia visceral y trabajos de amor perdidos a la dinastía entera de los Borbones.» Por todo ello, «y a pesar de que hasta 1929 no fuera objeto de publicidad de ninguna clase, la orquídea fue siempre, para las damas y los caballeros de alcurnia que podían permitirse esa clase de ideas, una manera muy peculiar y reconocible de decir la última palabra, ya fuera para anunciar que una muchacha estaba disponible para el matrimonio o para expresar, educada y costosamente, que valía mucho la pena que a uno lo vieran acompañado de semejante criatura, o para indicar, el día de su casamiento, que ésta se hallaba en la cúspide de su dulzura virginal mientras avanzaba hacia el lugar donde se verificaría el sacramento, o para darle un toque de clase a cualquier ocasión de cierto peso social o sentimental, como podía ser la de celebrar, recorriendo la Quinta Avenida entre sollozos, la humillación y destrucción definitiva de la Muerte mediante la gloriosa resurrección de Cristo nuestro Señor.» Esto lo había escrito para el artículo de las orquídeas, pero no creo que lo incluya.

De momento estoy trabajando en un encargo urgente sobre interiorismo moderno,* con la complicación añadida de que, entre los cuatro decoradores selectos a los que *Fortune* pidió su versión de lo que debería ser una estancia moderna, sólo uno ha enviado algo que podría considerarse remotamente «moderno». Es como si me hubieran asignado un artículo sobre la aerodinámica y tuviera que ilustrarlo con fotos de estilográficas, ceniceros y mingitorios y, como ocurrencia de última hora, se me pidiera agregar la fotografía de un avión. Por otro lado, confieso que no me entusiasma la idea de la vivienda como una «máquina para vivir».[56]

El asesino de Long era sin duda un valiente,[57] pero había otras personas por las que merecía más la pena morir ma-

---

* «What D'You Mean, Modern?» [¿A qué te refieres con moderno?], *Fortune*, noviembre de 1935, p. 97 (sin firma).

[56] Alusión a la célebre máxima de Le Corbusier: «Une maison est une machine à habiter».

[57] Huey Long, alias Kingfish, fue un político demócrata de corte populista. Murió asesinado el 8 de septiembre de 1935, un mes después de

tando. Hearst podría encabezar una lista estrictamente local, pero si no nos ponemos provincianos creo que Hitler le escamotearía el primer puesto. Hitler y algunos de sus secuaces. He estado pensando en lo interesante y práctico que sería organizar una banda de terroristas: unos seiscientos hombres jóvenes que no le tengan un aprecio especial a la vida, distribuirlos por parejas y mandarlos a seguir el rastro de los trescientos hijos de perra más nocivos del planeta (como si la elección fuera tan fácil) y, al cabo de un año exacto, a la misma hora en todo el mundo, ordenar los magnicidios por teléfono. Aunque no tengo madera para estas cosas: en realidad dudo mucho que la medida fuera más beneficiosa que perjudicial, y además habría que matar a muchos inocentes, no todos transeúntes.

Les mando un fuerte abrazo. Tenemos muchas ganas de verlos.

RUFUS

Queridos   *Anna Maria, Florida*
padre y señora Flye: *26 de diciembre [de 1935]*

Muchísimas gracias por la nota y la felicitación. Las Navidades resultan siempre tan gratas que cuesta entender por qué los sentimientos no pueden ser los mismos en cualquier otro momento del año. El otro día recordé que a ustedes les gustaba leer relatos de Chéjov con mis padres, así que les mando las obras de teatro, que también me encantan: en mi opinión, son aún mejores leídas en voz alta que cuando en silencio. Me gustan especialmente *Las tres hermanas* y *El jardín de los cerezos*. A mí me han regalado, entre otras cosas, *El pe-*

anunciar su candidatura para suceder al presidente en funciones, Franklin D. Roosevelt. El autor del crimen, yerno de un viejo enemigo de Long al que éste se disponía a defenestrar, le disparó a bocajarro en el vestíbulo del Capitolio y fue abatido en el acto por sus guardaespaldas.

rro bajo la piel,[58] y me muero de ganas de leerla con ustedes en primavera. También he leído las cartas de Van Gogh a su hermano —creo que les gustarían— y las *Canciones de inocencia*, de Blake. Los últimos diez días ha hecho tanto frío que no tiene mucho sentido estar aquí en el sur. Todo el mundo dice que resulta muy raro: como las interferencias de la radio o las ganas de comer, supongo. En fin, seguro que tarde o temprano el buen tiempo llegará: ya hemos tenido algún atisbo. No sé qué más contarles, así que voy a dejarlo aquí y ponerme a trabajar. Disculpen esta notita tan boba y reciban un fuerte abrazo.

RUFUS

Querido padre Flye:

[*Anna Maria, Florida, 17 de febrero de 1936*]

Muchas gracias por su carta, que ya he intentado responder varias veces; lo malo es que, como de costumbre, mi impaciencia por comunicarme ha venido acompañada de un sentimiento de absoluta impotencia. Perdone si me extiendo sobre mis estados de ánimo, pero es lo único que soy capaz de describir. Fluctúan sin parar, salvo por una especie de miedo o ansiedad más o menos constante; en general, no soy especialmente feliz, espiritualmente apenas me queda una pizca de vida y rara vez engendro algo de provecho para mí o para los otros. Ojalá hubiera en todo esto menos autocompasión de la que seguramente hay: lo único que sé es que me queda muchísimo que aprender y desaprender y que aún hay muchas cosas que debería exigirme a mí mismo; me hace falta disciplina y, al mismo tiempo, tengo la sensación de que, por ignorancia y cobardía, he cambiado de rumbo en algún momen-

---

[58] *The Dog Beneath the Skin* (1935), la primera de las tres obras de teatro experimental que escribieron W. H. Auden y Christopher Isherwood.

to sin saberlo y he tomado un camino que podría haberme llevado muy lejos pero que, al cabo, me ha conducido a otra parte del mundo, o a otro mundo, que no tiene nada que ver con el que yo valoro. Sin duda usted sería capaz (no por ganas de entrometerse, sino de buena fe) de decirme dónde y cómo erré de rumbo, y cómo podría enmendarlo, y yo no le llevaría la contraria, aunque dudo que pudiera creerle: las cosas se han de creer con el cuerpo o, por decirlo de otro modo, con el alma; no basta con percibirlas racionalmente. Durante mucho tiempo me ha parecido cierto y sensato (racionalmente) que la vida sólo se gana perdiéndola,[59] pero al parecer mi carne y mi alma concretas apenas han comenzado a asimilar esa verdad (como si sólo ahora comenzara a asomar por el borde rasgado de un papel secante), que no tendrá ningún sentido para mí hasta que tanto la carne como el alma estén completamente empapados de ella. Mis preocupaciones fundamentales son dos; a veces parecen idénticas o, en todo caso, estrellas binarias, y otras parecen más bien una dicotomía que podría destruirlo todo. Cabría describirlas así: (1) quisiera aproximarme tanto como sea humanamente posible a la verdad y a toda la verdad, lo que tal vez comprenda muchas clases distintas de «verdad», pero en general significa crecimiento, integridad y vida espiritual; y (2) exponer esa (cuasi)verdad en los términos más claros y limpios. Y afronto mis preocupaciones de dos maneras que tal vez sean idénticas: una creo que es verdadera «hambre»; la otra, si es que es otra, es la ambición que podría matar al hambre. No se trata de una ambición «mundana», ni en el peor de los casos (aunque de esa clase también la he padecido alguna vez), pero probablemente sea más intensa y destructiva por ser de otra especie. No tendría que haber dicho «si es que es otra»: sé que lo es. Supone que prefiero claramente la muerte si no consigo lo que me propongo (o no llego lo bastante cerca como para «justificar» seguir vi-

[59] Mateo 16:25, Juan 12:25.

viendo), de modo que hay en mí un trasfondo de temor frío y desesperación que es erróneo o, en todo caso, de una especie errónea e irrelevante, y que raramente me abandona y a veces me inunda por completo. Me parece que una de las múltiples tareas que tengo que acometer —puede que la primera— para despejarme y disciplinarme es librarme de ese miedo, lo que obviamente implica librarme de sus causas, entre las que se cuenta la ambición y el orgullo, que en cierto grado pueden dejarlo a uno ciego, o más bien bizco. Es una de esas cosas sobre las que es difícil escribir y seguramente hago mal intentándolo, pero tengo muchas ganas de que podamos hablar de ello, y de muchas otras cosas menos lúgubres, en primavera. Me gustaría explicarle un par de cosas: es probable que no pueda expresarlas, pero al menos trataré de esbozarlas. Sé que hay dos rasgos míos que forzosamente le han de doler y disgustar, y puede que hasta le exasperen, y que nos impiden hablar de forma sencilla y plena. Uno es la sofisticación o el cinismo y el otro es el comunismo. Del primero (llamémoslo cinismo, para abreviar) creo que comencé a empaparme poco antes de dejar de vernos con frecuencia, cuando fuimos a Europa, y desde entonces me ha ido calando cada vez más hondo. No quiero caer en perogrulladas psicológicas, pero creo que conozco uno de los motivos: es un mecanismo de defensa y, por tanto, un claro síntoma de cobardía. Como no soy, ni he sido nunca, un prodigio de sabiduría y fortaleza, ese cinismo era casi químicamente necesario teniendo en cuenta las condiciones en que crecí y la clase de persona que soy. A estas alturas tengo una gruesa coraza de cinismo: es uno de los hábitos psicológicos más arraigados (en mi psique, digo) y una de mis inclinaciones más constantes y, como es natural, se impone o sale a relucir una y otra vez en mis «reacciones» en forma de petulancia, aunque no es solamente eso. Créame que no pretendo defender ese hábito, ni tampoco defenderme: sólo intento explicar que muchos de los comentarios que hago, etcétera, no tienen un origen tan aborrecible ni tan superficial como pudiera parecer y que, aunque parezca que desdeño una serie de cosas a partir de nimiedades y con escasa reflexión, mi aparente desdén surge de un esfuerzo que no es en absoluto cínico ni desdeñoso por comprender el sentido de todas estas cosas. Sé muy bien que no soy completamente honesto, y jamás he pretendido que lo sea, pero le juro que quiero serlo y lo intento con todas mis fuerzas: justamente por eso la deshonestidad, incluida la mía, me enfurece, y cuando me veo expuesto a ella (pienso en el caso de Will Hays, por ejemplo)[60] la rabia y el desprecio son una reacción automática. Y lo mismo sucede con todo lo que me parece inútil o cruel, sin importar si responde a una convicción —y en ese sentido es honesto—, como muchas decisiones del gobierno de Roosevelt o muchos de los procesos de Stalin, o tantas otras cosas.

Lo mismo sucede con el comunismo. No soy economista y no he leído ni leeré jamás todo lo que habría que leer, pero le aseguro que mi interés no es tan infundado como se podría pensar. Estoy seguro de que nunca me sacaré el carnet, y hay aspectos del comunismo que aborrezco, pero hay muchas cosas injustas en el mundo y muchas en ese conjunto de ideas que me parecen justas y que creo que podrían funcionar, muchas más de las que nuestro cinismo nos permite admitir. Quiero decir que, aun sin haber leído las fuentes originales, me siento bastante convencido, y esas convicciones no han surgido de la noche a la mañana: se han macerado durante tres años de exposición constante a la inmundicia a través de *Fortune* y la prensa en general, a través de lecturas, pensamientos y diversas conversaciones. No es que crea haber encontrado todas las respuestas a las cosas que me preocupan, pero hay un montón a las que el comunismo parece respon-

---

[60] William Harrison Hays (1879-1954), político conservador que en 1922 fue elegido presidente de la Asociación de Productores y Distribuidores de Cine de Estados Unidos, puesto desde el que promulgó una serie de normas de censura que pasarían a la historia como el Código Hays.

der mejor que otras doctrinas. Tampoco estoy obsesionado con el tema, pero pienso mucho en ello y lo considero importante, y me siento obligado a hablar y escribir al respecto. Sé que piensa que me he convertido en una especie de fanático pero, de hecho, una de las cosas que más me desagrada del comunismo es el fanatismo de sus partidarios. No tengo en el mundo mejor amigo que usted, y no puedo permitir que un malentendido como ése se interponga entre nosotros. Créame que cuando le hablo de este asunto las ganas de «convertirlo», si las hubiera (como es probable), son el último de mis motivos. Más peso tiene el deseo, perfectamente comprensible entre amigos, de comunicarle todo aquello que tiene importancia para mí y la sensación de que la divergencia de opiniones sobre un tema tan importante debe de responder a cuestiones muy profundas e involucrar muchas cosas distintas, y me parece importantísimo que las opiniones y razones que la motivan se comprendan a fondo para quitarle hierro a cualquier discrepancia que pudiera surgir. Si durante alguna de nuestras charlas pudiera convencerle de que tengo algo de razón me alegraría, pero eso es algo secundario, muy secundario, comparado con el mero hecho de que nos conozcamos y comprendamos mejor. Me haría inmensamente feliz que pudiéramos dejar de lado, o al menos «demorar», todas las discusiones sobre éste u otros temas, porque le aseguro que jamás he dudado de su bondad y espero que usted confíe en mi sinceridad. Al final, lo mejor sería que estas cosas se fueran aclarando por sí solas: tengo la impresión de que exagero un poco y de que con el tiempo que tendremos en el futuro y que tanto nos ha faltado hasta ahora las aguas volverán a su cauce sin necesidad de tanta cháchara.

¿Ha leído algo de J. W. N. Sullivan?[61] (escribe principalmente sobre ciencia). Acabo de leer un ensayo suyo: *Beethoven. Su desarrollo espiritual*, que me ha gustado mucho, y ahora estoy leyendo *Science: A New Outline* [La ciencia: un nuevo esquema] que tampoco está nada mal. La noche que murió el rey escribí un poema sobre su muerte.[62] No es gran cosa, pero me gustaría enseñárselo. Les mando todo mi cariño a usted y a su señora.

RUFUS

Queridos padre y señora Flye: *[Anna Maria, Florida,*
                                  13 de marzo de 1936]

Muchísimas gracias por sus cartas. Me alegro de que por fin haga mejor tiempo. Aquí también hace bueno casi siempre. Hoy hay un endiablado viento del norte, pero es templado. No me tengan en cuenta la vacuidad absoluta de esta carta: últimamente he tenido buenas rachas de trabajo, pero ahora mismo parece que las musas me hayan abandonado, o quizá sólo estoy exhausto. El caso es que me he quedado con la mente en blanco y literalmente sin la energía necesaria para poner una palabra detrás de la otra. El tema más o menos «urgente» del que quería hablarles es nuestra llegada: ahora mismo lo único que sé es que llegaremos pasada la Pascua o a finales de abril, aunque es posible que nos retrasemos un poco más.

La última película de Charlie Chaplin la vi hace un tiempo. Si la ponen y no es incompatible con la Cuaresma será fantástico volver a verla: para mí es un poco como si Beethoven siguiera vivo y acabara de terminar una nueva sinfonía.

---

dio sobre Beethoven al que Agee hace alusión: *Beethoven: His Spiritual Development* (1927).

[62] Se refiere a Jorge V de Inglaterra, fallecido el 20 de enero de 1936.

Leo muy poco últimamente —por una combinación de mera inercia y cansancio laboral—. ¿Ha leído a André Gide, padre? Y, si es así, ¿qué le parece? Via se ha leído dos o tres libros suyos últimamente: *Symphonie pastorale*, *La porte étroite*..., y yo *Les faux-monnayeurs* (en inglés).[63] A mí me parece un grandísimo escritor.

Les adjunto un poema breve que podría describirse como una especie de himno matutino cristiano-comunista tal como se cantaría en Estados Unidos.

Cada día falta menos y estoy impaciente por volver a la montaña.

Abrazos a los dos,   RUFUS

Queridos padre y señora Flye:

(Disculpen la postal: estoy muy apurado.) Saldremos el miércoles 15 y, a menos que empiecen las inundaciones y el lugar se ponga peligroso, pasaremos por Nueva Orleans para remontar luego el río. Puede que pasemos un par de días allí. Así, a ojo, calculo que llegaremos hacia el 25. Les mantendremos informados sobre la marcha. Me imagino que estarán preguntándose por mi situación en *Fortune* y la fecha en que terminará mi permiso: no he sido nada claro, la verdad. Al final no acordamos un «periodo de excedencia», sino que les enviaría artículos cuando necesitara el dinero; así pues, no tengo por qué volver el 1.º de mayo, aunque no puedo andar holgazaneando indefinidamente y no tardaré en necesitar algo más de dinero. Será fabuloso volver a verles. Estoy leyendo *La rama dorada*,[64]

[63] *La sinfonía pastoral* (1919), *La puerta estrecha* (1909), *Los falsificadores de moneda* (1925).

[64] Ensayo sobre mitología y religión del antropólogo escocés James George Frazer (1890)

84

un libro extraordinario (tengo la edición de un solo tomo, no la de doce); y últimamente he tenido la sensatez (ya era hora) de salir un poco de casa, algo que me sienta bien en todos los sentidos. Ahora mismo el tiempo es una maravilla y hemos tenido días y noches como no las había visto en ninguna parte: días de miel, si la miel se pudiera respirar y no fuera pegajosa. Les mando un fuerte abrazo...

RUFUS

Querido padre: [*Nueva York, 18 de junio de 1936*]

Gracias por sus dos cartas, sobre todo por la primera: ya se imaginará lo mucho que significa para mí, cuánto aprecio su contenido y cuánto se corresponde con mi sentir. Weigall me gusta mucho: debe de ser uno de los poquísimos eruditos que sabe escribir (y se esmera en hacerlo) con auténtico gusto, flexibilidad y sentimiento. En cuanto al *Mercury* de junio, no lo he leído, pero sí otros artículos de Huefferford Madoxford en números anteriores; al menos uno, que yo recuerde, sobre Stephen Crane.[65] Está claro que a veces escribe bien y tiene buenas ideas y «reacciones», otras me resulta insufrible (por ejemplo, su terrible tendencia a la exageración, como cuando compara a Crane con Shakespeare, nada menos, o en el uso que hace de cierta clase de diminutivos que no soporto ni hablados ni por escrito —salvo cuando forman parte de una caracterización— como cuando se empeña en llamar a Crane «Stevie» o «nuestro pobre, querido, alocado Stevie»). Menudo paréntesis, menos mal que he conseguido cerrarlo. Añadiría, sobre Ford, que es muy proclive a emplear lo que los ingleses lla-

---

[65] Se refiere al escritor y editor inglés Ford Hermann Hueffer, que pasaría a la posteridad con el pseudónimo de Ford Madox Ford. El artículo sobre Stephen Crane apareció en 1936, en el número 37 de la revista *Mercury*.

man «idioma estadounidense», pero no ha habido nadie con un oído tan pésimo desde Galsworthy o —si Galsworthy es intocable— desde Beda el Venerable.[66] Me muero de ganas de leer el ensayo de los Webb:* de hecho, estamos pensando en asociarnos con otra familia de indigentes y comprarlo a medias. Realmente, parece más imparcial y mucho mejor documentado que cualquier otra obra sobre el tema que se haya escrito hasta la fecha. Es curiosa, por cierto, la crítica que recibió en *Mercury*. El sesgo general que ha ido adquiriendo esa revista me pone furioso, no tanto porque sea anticomunista (y a veces incluso abiertamente profascista), sino porque una y otra vez queda claro que sus críticas no tienen el menor fundamento y, al mismo tiempo, pretenden ser la visión definitiva sobre el asunto. Excluyo, desde luego, algunos artículos puntuales.

(*Más tarde.*) Voy a tener que abreviar porque tengo que condensar una semana de trabajo en las próximas veinte horas más o menos: me han encargado un artículo sobre una familia de colonos (un día, un año de sus vidas) y un estudio sobre la economía agrícola en los estados del sur (me viene grandísimo) y sobre las campañas gubernamentales y estatales que se han llevado a cabo para paliar el problema, sobre las teorías y los propósitos de los liberales sureños y sobre la historia entera de las dos Uniones del Sur. Es lo mejor que me han dado hasta ahora en *Fortune*, pero me abruma el encargo: tengo dudas considerables sobre mi capacidad para llevarlo a cabo, y aún más sobre la verdadera disposición de *Fortune* para sacarlo como (en principio) lo concibo. Comenzaré el reportaje en el sur el sábado. Será un mes de trabajo. Cuento

---

* Sidney y Beatrice Webb, *Soviet Communism: A New Civilization?* [El comunismo soviético, ¿una nueva civilización?], Scribner, 1936.

[66] Monje benedictino inglés que vivió entre finales del siglo VII y principios del VIII y cuya obra más conocida es la *Historia Ecclesiastica gentis anglorum* (*Historia eclesiástica del pueblo de los Anglos*), tratado en el que relata la historia de Inglaterra desde los tiempos de Julio César.

con pasar a verle, aunque sea unas pocas horas… Aún no sé cuándo exactamente, claro. Le mantendré informado. Estoy completamente de acuerdo con su señora: no ha habido visita ni temporada que haya pasado jamás en ninguna parte que me haya hecho tanto bien y haya significado tanto para mí. Les mando un fuerte abrazo.

RUFUS

Estoy leyendo con mucha calma una buena biografía de Dostoyevski de Avrahm Yarmolinski;[67] y una novela titulada *El castillo*, de un judío alemán de Bohemia llamado Franz Kafka, que en ciertos círculos minoritarios tiene la reputación de ser uno de los tres grandes escritores del siglo; dicen que el libro es una especie de *El progreso del peregrino* contemporáneo,[68] y lo es, aunque con diferencias como, por ejemplo, que los cristianos han pensado siempre: «esto va a ser muy duro, pero si hago esto o lo otro (y sé exactamente qué) al final me salvaré», mientras que en *El castillo* es más complicado: aunque el peregrino sabe que existe un destino que tiene para él más importancia que su propia vida, no está en absoluto seguro de lo que allí le espera o lo que debe hacer para llegar a él; y no sólo aprende que no basta con su esfuerzo personal para averiguar qué hacer o cómo vivir, sino que tampoco puede confiar, bajo ningún concepto, en los consejos que le dan los lugareños más veteranos. Es un libro lleno de geniales ambigüedades y penumbras, con una buena dosis de ironía, pero de un nivel por encima de lo común. Es una obra maravillosa, en mi opinión. He estado dedicando tiempo a corregir y

---

[67] *Dostoievsky, A Life* (1934).
[68] Novela alegórica de John Bunyam publicada en 1678 que relata las desventuras de un cristiano en busca de la salvación, como indica su título completo: *The Pilgrim's Progress from this world to that which is to come, delivered under the similitude of a dream* (El progreso del peregrino de este mundo que viene descrito a semejanza de un sueño).

pasar a máquina lo que hice en invierno, que empieza a tener mejor pinta de lo que creía… aunque aún no sé qué pensar. También tengo muchas ganas de ponerme a trabajar en una nueva versión inglesa del libreto del *Orfeo* de Gluck: un encargo complejísimo. Seguramente no podré volver a ocuparme de eso hasta septiembre. La verdad es que estoy entrando en un torbellino de trabajo. ¿Ha escuchado u oído hablar de los Mitchell's Christian Singers (una grabación de Melotone)?[69] Cantan por la voluntad en los alrededores de Winston-Salem y un par de veces al año viajan en autobús a Nueva York, graban sus espirituales, que sólo venden discos en el Sur más profundo, y vuelven a casa en el mismo autobús, sin gloria ni reconocimiento alguno. Son los mejores cantantes de gospel que he oído jamás en un disco: de hecho, el resto de los discos de espirituales que he oído me dan pavor, los encuentro rimbombantes, estudiados, acartonados, llenos de una naturalidad afectada y una pose de «canto para mi gente» patética y repelente. Por el contrario, los Mitchell's son puros y transparentes como el cristal: no impostan nada. Si encuentra algún disco suyo, no deje de escucharlo. Ahora sí tengo que dejarlo. Un abrazo.

R.

Queridos   [*Nueva York,*
padre y señora Flye: *8 de septiembre de 1936*]

Me da rabia haber sido incapaz de comunicarles algo más concreto sobre nuestra posible visita cuando estuvimos en el sur. Allí era todo impredecible, día tras día, el calor y la comi-

---

[69] Grupo de cantantes a capela surgido a principios de los años treinta en Carolina del Norte, formado inicialmente por cuatro campesinos: William Brown (tenor solista), Julius Davis (tenor), Louis *Panella* David (barítono) y Lewis Herring (bajo).

da me volvieron medio loco y ni siquiera llegué a imaginarme que, después de haberles dicho que los iría a ver, podrían estar esperando mis noticias e incluso descartando o posponiendo otros planes. No tengo nada que decir en mi defensa: sólo que lo siento más de lo que soy capaz de expresar. El viaje fue muy duro y al mismo tiempo una de las mejores cosas que me han pasado en la vida. Escribir sobre lo que vimos ya es otro cantar: es imposible hacerlo en cualquier forma o extensión que pueda servir para *Fortune*; estoy tan atascado tratando de adaptarlo a su formato que me temo que he perdido la capacidad de hacerlo bien a mi manera. En fin, no sé.

¿Han leído, *Los eduardianos* de Victoria Sackville-West?[70] Es un libro buenísimo. También he estado leyendo los cuentos del joven poeta inglés Stephen Spender, y un ensayo suyo, *The Destructive Element* [El elemento destructivo],[71] que es uno de los mejores libros de crítica literaria contemporánea que conozco. Una de sus convicciones más firmes es que Henry James es un grandísimo escritor al que le debemos gran parte, o aun la mayor parte, de la mejor literatura inglesa escrita desde entonces. Spender lo compara con Beethoven.

En cuanto al cine, nada que valga la pena y nada que me apetezca ver, salvo por su interés para la historia del cine, como *Romeo y Julieta*,[72] por ejemplo, que, por los fotogramas que he visto y lo que he podido leer, es la producción más perniciosa que uno pueda imaginar. Arroja todo aquello que está

[70] *The Edwardians* de Vita Sackwille-West, poeta, novelista y paisajista inglesa de extensa obra. Su figura inspiraría a Virginia Woolf (buena amiga y amante) el protagonista andrógino de *Orlando*.

[71] La colección de cuentos a la que se refiere Agee es *The Burning Cactus* (El cactus en llamas), de 1936; ese mismo año se publicó también el ensayo *The Destructive Element: A Study of Modern Writers and Beliefs* (El elemento destructivo: estudio sobre los escritores y las creencias modernas).

[72] Se refiere a la versión de 1936, dirigida por George Cukor y protagonizada por Norma Shearer y Leslie Howard.

muerto en el cine contra todo lo que las películas podrían ser en su mejor versión, y lo hace de forma lo bastante concienzuda como para arrastrar a su vórtice un montón de cosas que de otra manera podrían ser buenas, o casi. No se trata tanto de que el cine profane a Shakespeare como de que Shakespeare profana el cine; por lo menos el Shakespeare que llega al cine, tan asfixiado de reverencia y erudición, tan embalsamado y vuelto a embalsamar durante los últimos trescientos años que no le queda ni un destello de vida.

Tengo que volver al trabajo. Les envío todo mi cariño y me disculpo una vez más por mi desconsideración.

RUFUS

Querido padre: [*Nueva York,
                                      20 de enero de 1937*]

Gracias a usted y a la señora Flye por sus cartas. Les deseo un feliz año nuevo con todo mi cariño. Estoy leyendo a Proust (en una traducción inglesa que me parece excelente) y no dejo de pensar en que tengo que preguntarle si la ha leído y, de ser así, si le gusta y hasta qué punto. Me da la impresión de que a usted y a su esposa les gustaría tanto como me está gustando a mí: no creo que haya habido jamás un análisis más minucioso ni completo de los estados de conciencia. Es lo único que leo: hay cuatro volúmenes y voy por el segundo. Creo que es un mal año para el cine y aburridísimo para el teatro. Ha habido alguna buena exposición y, aunque he visto muchas, me impresionó mucho la gran exposición sobre fantasía y surrealismo y las dos de Picasso.[73]

73 Las tres exposiciones que menciona Aggee tuvieron lugar en Nueva York; la primera, *Fantastic Art, Dada and Surrealism*, en el Museo de Arte Moderno, entre el 9 de diciembre de 1936 y el 17 de enero de 1937, y las de Picasso en la galería Jacques Seligmann & Co. (*Picasso «Blue»*

En dos o tres meses saldrá un libro que espero que lean y les guste. He leído el primer libro de su autor (*Fontamara*) y los primeros capítulos del manuscrito del último (titulado *Vino y pan*) y creo que son dos grandes obras, maravillosas ambas.[74] La segunda, a mi entender, es la obra que lleva al papel con mayor coherencia las ideas que comentábamos sobre el cristianismo y el comunismo.

Estoy escribiendo un poco, pero no tanto como debería: soy un vago y un desastre en términos de organización. Voy a tener que disciplinarme a la fuerza si es necesario.

Un abrazo,

RUFUS

Querido padre:

[*Nueva York,
26 de noviembre de 1937*]

Gracias por su carta, y también por la anterior, que me llegó hace poco. El mundo (yo incluido) se me antoja esta mañana, a la luz de los últimos acontecimientos, un lugar funesto, agotador e incorregible, y aun así estoy encantado de formar parte de él y estar vivo. Sin duda me iría bien estar siempre tan cansado como ahora: voy más lento y eso favorece una conexión evidente e intensa con el mundo. A todas luces, el exceso de vitalidad puede ser un gran impedimento espiritual: la mayor parte del tiempo tengo el depósito lo bastante lleno de gasolina o electricidad como para andar levitando sobre el suelo a una velocidad exagerada, absurda...

---

and «*Rose*» *Periods, 1901-1906*), entre el 2 y el 26 de noviembre de 1936, y en la galería Valentine (*Picasso, 1901-1934: Retrospective Exhibition*), entre el 26 de octubre y el 21 de noviembre del mismo año.

[74] Se trata de dos libros de Ignazio Silone, pseudónimo del escritor italiano Secondo Tranquilli.

Ambrose Bierce es bueno. Hacía tiempo que tenía ganas de leer entero *El diccionario del diablo*.[75] Cuando se usan bien, la ironía y sarcasmo despiadado, e incluso cierto grado de cinismo, son tan buenos instrumentos y armas como el amor, con el que no son, por cierto, incompatibles en absoluto: despejan la mirada y son magníficos complementos. En muchos sentidos, prefiero a los escritores que renuncian al alivio y la comodidad del mero amor, y de todos ellos, a Swift; pero también me gustan mucho ciertos escritores menores de inteligencia afilada, como Bierce. Franz Kafka es un escritor maravilloso: me parece tan auténtica e intensamente religioso como Blake o Dostoyevski —y, en nuestros días, Joyce; aunque Kafka es más directo que Joyce—. En cierto modo le traen completamente sin cuidado la «literatura» o el «arte», salvo en la medida en que son instrumentos para estudiar, cuestionar e insinuar con mayor agudeza que por otros medios. Estoy seguro de que le gustarían sus libros: *El proceso*, *El castillo* y *La gran muralla china*. Yo los leí hace poco, y los aforismos de Bierce me los han recordado muchísimo…

Les envío todo mi cariño a usted y a su señora. Me alegro de que le haya gustado el artículo del crucero:* estoy seguro de que usted sabe que la crueldad que transpira era sólo un modo de mover a la compasión a los lectores que no la sentirían si se les exigiera directamente en nombre de otro. Me gustaría rescribir ese artículo para completarlo y mejorarlo. Si algo tengo claro es que no quiero escribir regularmente para nadie a menos que sea algo en lo que crea al cien por cien, algo que me apetezca escribir. Es un propósito más bien quimérico, por supuesto. Trabajaré por dinero sólo cuando sea

* «Six Days at Sea» [Seis días en el mar], *Fortune*, septiembre de 1937, p. 117 (sin firma).
[75] Ambrose Bierce fue un escritor y periodista estadounidense. Debe su fama al diccionario paródico al que se refiere Agee: *The Devil's Dictionary*, de 1911.

imprescindible, cuando necesite cierta seguridad y me quede aún algo de respeto por todos estos engaños y delirios desesperados e insufribles.

R.

Querido padre:
[*Frenchtown, Nueva Jersey, 28 de junio de 1938*]

[...] de Cordell Hull tengo una idea bastante difusa y poco fundada;[76] por lo poco que sé, me parece muy respetable, aunque tengo mis reservas, al contrario que usted. En cuanto a mis motivos para respetarlo, no deben de ser muy distintos de los suyos: hasta donde alcanzo a ver, pertenece a esa insólita especie de cristianos convencidos y congruentes, es un caballero y un hombre de Estado —en el buen sentido de estas palabras—, y admiro que todo ello se traduzca en buena medida en una conducta que permitiría definirlo como una bella persona; también creo que es un estadounidense en toda la extensión de la palabra: alguien que sólo puede haber nacido en este país, cuya personalidad es en buena medida un producto de la tierra, del clima, así como del ambiente intelectual y espiritual característicos de nuestro país. Respecto a mis reservas, probablemente no conseguiré expresarlas de un modo que no parezca superficial y hasta infantil, pero aún así voy a intentarlo, porque creo que tengo motivos que no se deben a mi imaginación o a mi carácter, sino que tienen que ver con una idea general de la «verdad» o la «bondad». Ya le digo que difícilmen-

---

[76] Político estadounidense, originario de Tennessee, que a la sazón ostentaba el cargo de Secretario de Estado. Poco antes, en marzo de 1938, había entablado negociaciones con el ministro de exteriores mexicano, Eduardo Hay, para exigir compensaciones a los terratenientes estadounidenses que habían perdido sus tierras en la expropiación y nacionalización que llevó a cabo el gobierno mexicano a finales de los años veinte.

te lograré expresar de forma coherente lo que quiero decir o lo que creo, porque necesitaría páginas y páginas para justificar por qué lo creo; además, no estoy en absoluto convencido de tener una postura coherente y positiva: tan sólo sé que hay otras que considero equivocadas, comprometedoras o inútiles. En otras palabras: muchas de mis «convicciones» son de carácter negativo. Pero lo poco que puedo decir es lo siguiente: fundamentalmente me considero un anarquista, y creo que las transacciones basadas en las necesidades humanas y el poder adquisitivo, y las estructuras legales a través de las que dichas transacciones se canalizan, restringen y gobiernan, son trágicas, erróneas y rocambolescas desde su misma raíz y no pueden traer nada bueno; y que cualquier esfuerzo por lograr algo bueno en tal escenario, por sincero que sea, sólo puede acabar en soluciones de compromiso; y a la larga, o incluso a cada momento, sólo puede contribuir a la suma total de males, desgracias y malversaciones de la energía humana orientada hacia el bien. Entiendo perfectamente que aquellos que desean conocer y hacer el bien de un modo «realista» empiecen por asumir la peor versión de la condición humana, y que se ciñan a esa regla con paciencia y comprensión hasta el punto de dudar de sí mismos tal como dudan del resto; sin embargo, también sé que quienes acometen esta empresa en nombre del «realismo» acaban siempre por capitular y terminan trasladando su eje de lo absoluto a lo relativo, corrompiendo así inevitablemente su propio esfuerzo y por lo general sin siquiera ser conscientes de ello. Dicho de otro modo, las concesiones serían aceptables *sólo si* se tuviera siempre presente un objetivo mucho más importante que cualquier cosa que se consiga por el camino; pero una y otra vez parece que eso es imposible, de modo que uno se ve obligado a preferir al Absolutista: a la persona que se concentra en lo literal, en aquello que tiene más a la mano. Por poner un ejemplo, creo que Francisco de Asís restauró bruscamente ciertas ideas de Jesús y, así, despreció radicalmente el mundo y la vida tal como eran entonces; sin embargo, sus discípulos empezaron a modificar esos ideales aun en vida de san Francisco, de modo que las personas que carecían de su fuerza espiritual pudieran comprenderlos. Yo diría que el cristianismo fundamentalmente ignora el mundo tal como es y, en cambio, se ocupa tan sólo de su propia existencia que, por sí misma, es capaz de destruir las estructuras del mundo tal como lo conocemos, en proporción directa al número y la intransigencia de sus adeptos. Que por su misma naturaleza se opone hasta destruirla a *cualquier clase* de satisfacción vinculada a las «cosas de este mundo» tal cual son, y que sólo puede encontrar o aproximarse a esa satisfacción en la pureza de sus propios términos, y que cualquier organización, sea material o confesional, que trate de sancionar esa idea en «el mundo tal cual es» y adaptarla o acomodarla a este mundo, no conseguirá otra cosa que traicionar su esencia: por eso tiendo a considerarme un anarquista en religión, así como en «política», y creo que el esfuerzo en pos del bien en ambas es idéntico, y que el hombre que quiere y se propone hacer el bien no puede permitirse sentir el menor respeto por nada que haya que aceptar tal cual es, ni conformarse con «oportunas» concesiones. Por todas estas razones, la política me parece una institución corrupta desde la raíz, con la trágica complicación adicional de que, en ella, el bien milita en la causa del mal y la sinceridad es casi la más destructiva de las virtudes. En fin, que no he sido del todo veraz al hablar del «cristiano convencido, caballero y hombre de Estado en el buen sentido de estas palabras» porque en el mejor de los casos me estaría refiriendo a un bien relativo a la perniciosa estructura del mundo; mientras que, desde una perspectiva «absoluta», que es la única que me parece digna, sólo cabe decir que Hull es una persona excelente en la medida en que su conciencia se lo permite, que en muchos aspectos fundamentales no debe de tener demasiada conciencia porque, si la tuviera, no habría llegado a ser secretario de Estado, ya sea bueno, malo o regular. Disculpe la parrafada. Si pudiera poner en claro lo que creo, por poco y confuso que sea, sabría usted que surge de un fondo mejor que la mera arrogancia o la insolencia que debe de traslucir a sus ojos.

Por eso no leí los artículos del *Saturday Evening Post* que me recomendaba, al ver que versaban sobre un tema —el gobierno— que, en el mejor de los casos, no es un buen tema. Me sentí mal por no hacerlo porque no quería pasar por dejado o por intolerante a sus ojos, y sabía, por el entusiasmo que puso al describírmelos, que algo bueno debían de tener; pero no conseguí que me apeteciera leerlos porque me imaginé que su bondad e inteligencia apuntaban a un conjunto de valores y concepciones que me parecen (por el mero hecho de asumir el gobierno tal cual es) extraviados y, por tanto, forzosamente adversos al bien común.

Al mismo tiempo, me siento más agitado, confuso e ignorante acerca de mis propios actos de lo que recuerdo haber estado nunca, pero esa sensación de ignorancia, confusión, culpa y falta de integridad no puede remediarse distorsionando y traicionando las pocas cosas que, desde mí mismo y no por influencia de ninguna autoridad, siguen pareciéndome verdaderas. Para decirlo sin rodeos: sé que en muchísimos aspectos importantes de mi vida no puedo estar seguro de lo que hago, ni de por qué, ni de la diferencia entre lo que está bien y lo que está mal —que muy a menudo parecen cosas idénticas o tan entretejidas que la destrucción de una acarrearía la destrucción de la otra, como si se tratara de separar a dos siameses que comparten corazón y flujo sanguíneo—. Puede que eso lleve a concluir que quien renuncia a la seguridad de las normas forzosamente habrá de sumergirse en la «tragedia» de la «condición humana», cuyas normas se han creado para evadirnos o para anestesiarnos, pero que deben asumirse sin anestesia alguna; pese a todo, desconfío de esta forma de atribuir la pena, el dolor y la tristeza a una causa tan general y fatídica en vez de atribuirla a otros factores de los que soy personalmente responsable.

1938

Tengo mucho de puritano. Es algo que desprecio y que me seduce al mismo tiempo, y sé que no acabo de entenderlo, de entenderme, ni puedo estar del todo seguro de que el puritanismo no sea el disfraz más logrado del peor de los demonios terrenales. Por encima de todo creo en la alegría, la pureza y la audacia del alma, y soy consciente de que el puritanismo parece más adversario que amigo de cualquier enfoque de esta clase, y sé que yo siempre he estado a favor de la bondad y de la autenticidad de pensamiento y de conducta y en contra de la racionalización, y supongo que sólo en la medida en que me sé «sincero» (otra vez esa maldita y limitada palabra) puedo considerarme íntegro en alguna medida y tengo una base para vivir y trabajar en paz, sin cargos de conciencia. Pero también sé que las racionalizaciones más peligrosas son inconscientes e inherentes y que, puesto que nadie está a salvo de ellas, tampoco yo lo estoy.

En lo que respecta al matrimonio, el amor sexual y el modo o la posibilidad de que dos personas pasen juntas un tiempo o la vida entera, creo que en el fondo no tengo una visión de conjunto, sino sólo fragmentaria y frágil; pero también estoy seguro de que nadie sabe mucho al respecto, ya esté a favor, en contra o sea neutral. También en este caso, lo poco que creo saber es de carácter negativo. Estoy convencido de que, en lo que concierne a este tema, no sólo las estructuras y concepciones sociales, sino también las religiosas, resultan extremadamente dañinas por el dolor y el embrutecimiento que han causado, aunque en su esencia la vocación de la idea religiosa, a veces instrumentada por el odio, la deshonestidad y la cobardía, no sea en absoluto causar dolor ni embrutecer: es quizá la más próxima a la «verdad» que existe; me refiero a la noción del amor sexual como sacramento y como uno de los pilares de la existencia. Pero la concepción de la castidad, por mucho que me esfuerce en comprenderla, no es sino una negación abominable de ese hecho «sacramental»; y es absolutamente indecente, además, pues sólo genera ruina y corrupción...

Les mando un saludo y un fuerte abrazo a usted y a su señora.

RUFUS

P. S. Han pasado unos días. Si lo que decía le parece mal, irritante, avinagrado o no le gusta por cualquier otra razón, le ruego que lo olvide.

Querido padre: *[Frenchtown, Nueva Jersey, 12 de agosto de 1938]*

Ha sido un placer tener noticias suyas esta mañana. He estado tan profundamente absorto en mi trabajo que me he sentido solo en vez de sentirme satisfecho —y visto lo visto no tengo motivos para estarlo—. No creo que pueda escribirle más que unas pocas líneas porque estoy absolutamente embotado por el trabajo y me estoy tomando una pausa un poco culpable. Me gustaría estar más despierto y hablar con usted, en lugar de escribirle, sobre la ley y sobre lo que me comentaba usted al respecto. Estoy al corriente, aunque no tanto como debiera, de las distintas dependencias de las que me habla, y de lo positivo de sus funciones, y tengo la sensación de que, en general, los engranajes legales encajan para formar algo que funciona, si bien de un modo precario, *como algo parecido a un ser vivo*, un bullicioso manicomio o una jaula de fieras y víboras, y sólo por eso merece nuestro crédito y respeto. Es, además, la máquina con la que se tritura de un modo tolerado y continuo la vida de la gran mayoría para uso del resto (cuya corrupción no se agota ni mucho menos en esta actividad). El sentimiento que me inspira la ley es de lo más amoral: disfrutaré de cada ventaja que me proporcione siempre que esté seguro de que no perjudico a otros y en tanto vea que también los otros pueden servirse de ella, y, como es lógico, obedeceré siempre que, en ciertos puntos esenciales, la ley coincida con mi propia conciencia, y cumpliré con ella de cara a la galería cuando desobedecerla pudiera acarrearme problemas o sufrimientos que no guarden proporción con el valor de la denuncia pública de la idea o el ideal con el que estoy en desacuerdo. Pero en ningún caso situaré ninguno de sus juicios sobre la conducta o los «derechos» por encima de los míos, por rudimentarios que considere estos últimos, porque soy un enemigo acérrimo de la autoridad y de la obediencia ciega, así como de la «sociedad», si ésta se siente satisfecha consigo misma. No haría nada para poner en cuestión la protección o incluso las comodidades que se hayan podido ganar, lo que de verdad me preocupa es que, en muchos sentidos, las personas siguen indefensas ante atropellos mucho más siniestros que el mero daño físico, atropellos fomentados en gran medida por la estructura de la ley, la fe y la obediencia. Si hubiera una ley que declarara que todas y cada una de las escuelas que conozco son recintos mortíferos, y otra que prohibiera el uso de todas las palabras a las que el lector no puede asignarles un referente, y otra que instituyera un cuerpo funcionarial cuyo cometido fuera el análisis y la rectificación de la distorsión de hechos e ideas causada por los problemas de comunicación, y la inevitable tendencia de toda autoridad a cristalizarse y petrificarse, etcétera, etcétera; y otra que inhabilitara a cualquier abogado o juez que recurriera a la jurisprudencia, etcétera; eso ya sería otro cantar. Aunque le concedo que el cuerpo legal resultante sería potencialmente aún más peligroso.

Mi capacidad de escribir está bajo mínimos: las últimas cinco semanas han sido absolutamente infructuosas. Acabo de conseguir un aplazamiento de la publicación del libro hasta mediados del invierno,* de modo que podré trabajar hasta noviembre o diciembre, pero aun así estoy con el agua al cuello y a punto de agotar el dinero que me han prestado. Tal vez

* *Let Us Now Praise Famous Men* [*Elogiemos ahora a hombres famosos*], Houghton Mifflin, 1941.

ya le he contado que el libro es una obra bastante breve sobre las tres familias con las que Walker Evans y yo estuvimos en Alabama: treinta y dos fotografías y setenta y cinco mil palabras (cerca de doscientas páginas). El problema es que un tema como éste no puede tomarse en serio sin derivar hacia otro tema fundamental, que va más allá de lo que yo o cualquiera sería capaz de escribir: el problema general de la naturaleza de la existencia. Tratar de reducirlo a una problemática moral es ya una tarea que me supera con creces. Mi única esperanza es plantear el tema principal, dar fe de mi ignorancia desde el principio y dejar claro que nadie debería permitirse tratar cualquier tema humano más superficialmente ni proceder conforme a unas bases más provisionales; en fin, no vale la pena hablar más de ello. Si fuera capaz de tratar el tema como merece, no sería humano.

Tengo la sensación de que estoy desintegrándome y «creciendo» simultáneamente, si eso es posible, y de que en mi cabeza y en mi plexo solar se libra una carrera o un forcejeo endiablado entre ambas fuerzas. Me gustaría saber cómo librarme de este dolor y este veneno, puesto que no es necesario, y aprender a soportar lo inevitable. Tengo cierta confianza en el psicoanálisis, pero no la suficiente, y aunque creyera lo bastante como para hacer terapia no podría permitírmelo. Sólo puedo confiar en cierta noción de Dios, del amor y, en parte, de mí mismo; pero también en este sentido mi ignorancia es tal que me da por trajinar y consumir fármacos y venenos a ciegas, indiscriminadamente. Creo que es una temeridad estar vivo, salvo que uno renuncie a la razón principal por la que vive, al esfuerzo por comprender todo lo que le sea posible y a vivir y trabajar de un modo acorde. Podría limitarme a cuidar de mi inocencia y mi devoción, pero a uno le entran ciertos reparos cuando ve a la inocencia devorar su propia muerte y su propia ruina y consagrarse implacable, enteramente, a ello, aunque supongo que es sólo gracias a la persistencia de esta cualidad, la de no creer lo que se dice sobre el futuro ni ser consciente del peligro que entraña, que nos aguarda un futuro mejor, o incluso un futuro a secas. ¡Cuántas tonterías! Me meto demasiado en mi papel de «liberal nato» y «hombre razonable». Dudo mucho que, en el mundo en el que quiero creer y del que quiero formar parte, haya tanta divagación y tanta preocupación sobre la racionalidad; habrá, más bien, alegría, pasión y bondad. No sabe cuánto quisiera que pudiéramos vernos y que mi libro estuviera ya terminado. Un fuerte abrazo a usted y otro a la señora Flye.

R.

¿Ha leído algo acerca del joven que salió a tomar el aire en la cornisa de un hotel de Nueva York porque quería que su parentela femenina le dejara en paz? Se quedó ahí sentado once horas, con la habitación abarrotada tras él y la ciudad entera conteniendo el aliento a sus pies, y entre la presión de una parte y la de otra —presión de la que al parecer nadie se preocupó de librarle— acabó por saltar. Alguien que se queda sentado once horas en la cornisa y se toma allí un café no quiere morir. Creo que la situación simboliza perfectamente los tormentos que ha de soportar cualquier joven que no esté dispuesto a capitular: al final acaba por hacerlo de todas formas, por vía de la locura o de la muerte; muy raramente logra escapar de la emboscada a través del arte, el talento o la crueldad; y aunque así sea, llevará la huella de esa emboscada consigo para siempre.

Padre: estoy en la oficina de correos. Me había perdido en mi propia cháchara y no me he acordado hasta ahora de decirle otras cosas que significan mucho más para mí: que soy consciente de su comprensión y su compasión, y que sé que jamás tendremos miedo de hablar de cualquier cosa abiertamente. Ahora, al decirlo, parece casi una perogrullada, y no voy a abundar más en ello, pero confío en que sepa lo mucho que me importa.

Querido padre:

Muchísimas gracias por su carta. Ojalá pudiéramos disponer
de más tiempo para charlar tranquilos: al parecer me expreso mejor de viva voz que por escrito, cosa que no dejo de la-
mentar. A menudo me siento abrumado por problemas, pero
en buena parte se trata de problemas crónicos, fundamentales, que tengo más o menos asumidos o que acepto como inevitables simplemente por vivir y por tratar de entender todo
lo que sea posible, y por confundir motivos, esperanzas y deseos egoístas cuando intento escribir; digamos que generalmente me siento mucho más interesado que compungido y
desesperado, y es del interés, y no de la desesperación, de lo que
me gustaría hablarle la mayoría de las veces, excepto cuando me siento hundido de verdad. Lo cierto es que, lejos de dudar, estoy plenamente convencido de la existencia de ciertos
equilibrios en la vida—algunos evidentes y positivos, otros
misteriosos—, y creo que la «fascinación», el apego que siento por la vida, nace precisamente al contemplar cómo esos
equilibrios no excluyen el mal e incluso están fundidos con
él; y me siento mucho más atraído por la inocencia, por la inteligencia tranquila o desenfrenada, por la simplicidad y la infancia y, ya puestos, por todo lo que da en llamarse «sub» humano y «sub» orgánico, de lo que podría parecer por lo que
escribo; pero también me interesa averiguar hasta qué punto son objetables, indiferentes y corruptos muchos de estos
factores de equilibrio y cierta la idea de que no hay nada que
cause tanto daño o tanto mal como la candidez o la ausencia de culpa, que no ve las trampas en las que cae, ni percibe
sus dobles o triples sentidos. Un ejemplo clarísimo podría ser
el artículo del *Atlantic Monthly* titulado «Insight»,[77] sobre la

---

[77] Artículo del poeta Archibald Ruthledge publicado en el número
de septiembre de 1938.

espiritualidad de los negros, en el que, con toda honestidad e inocencia, creo yo, el autor comete un pecado mortal tras otro: contra sí mismo, contra toda esperanza de humanidad o humanismo y contra las personas sobre las que escribe. Y de esa misma clase de confusión crea este hombre, sin ser consciente de lo que, según parece, está compuesta la mejor parte del «mundo» militante. Y he dicho «creo yo» a sabiendas de que yo también soy un ignorante y estoy hecho un lío, pero mentiría si equiparase mi nivel de ignorancia al de él, al menos hasta el punto en que podemos distinguir las verdades relativas de las falacias relativas... que es exactamente lo que él mismo podría decir con toda justicia de cualquiera con quien discrepara de forma consciente. Y aun así, creo que podría convencerle de que está siendo condescendiente y de que el auténtico respeto es incompatible con el paternalismo.

Haría mejor en volver al trabajo: tengo que escribir algo que me tiene tan confuso y tan cansado que ni siquiera soy capaz de describir la confusión en que me sume ni sus causas.

Con todo mi cariño,

RUFUS

[*Frenchtown, Nueva Jersey, 21 de diciembre de 1938*]

Querido padre:

Hace semanas que trato de responder a sus cartas (en particular a ésa en la que habla de la educación y de «lo suficiente para vivir») y vuelvo a intentarlo ahora, aunque me temo que no alcanzaré a terminar mi respuesta y tendré que dejarla a medias, o al menos aplazarla, porque exponer con un mínimo de claridad lo que creo y por qué lo creo a medida que voy pensándolo, y en qué sentido no «coincido» con usted y por qué... me llevaría no sé cuánto tiempo. Seguramente, en el proceso de explicarme aprendería mucho más de lo que ya sé, pero en este momento no puedo permitírmelo. Aun así, resumiendo, le diré que discrepo sobre todo en las premisas: que son las premisas las que me hacen dudar y tener más reparos que usted. Respecto a la «educación», lo que a mi entender usted toma por una educación verdadera y buena es, para mí, tan sólo una parte de una posible educación más general; además, me parece que, si una educación se ciñe a ciertos principios morales e intelectuales, puede resultar engañosa y poner trabas incluso a quienes sean capaces de asimilarla; creo que la raza humana está enferma, y que esa enfermedad es incurable por muchos más motivos de los que podríamos sospechar, y que una educación cabal debería orientarse a la comprensión plena de este hecho y a la erradicación médica y quirúrgica de ciertos hábitos mentales, prejuicios heredados, borreguismos y demás lacras, a las ambigüedades morales y a los daños causados por ese entorno que ha propiciado las «herencias» y «legados» actuales: debería orientarse hacia una comprensión más general, universal e interdependiente de lo que significa la «salud» mental, espiritual y física, individual y social.

Por lo que hace a «lo necesario para vivir», depende de la la educación y de la investigación que escoja. Le concedo que muchos son apáticos o descerebrados, o escépticos o «deshonestos», o todo eso y mucho más, y que con buena parte de ellos cualquier esperanza es inútil, pero son lo que son por sus circunstancias y por un mundo (material o ideológico) que podría haber sido mejor: ello explica el daño que pueda haber sufrido su «fibra moral», y es evidente que para repararlo haría falta paciencia, más que culpa, durante varias generaciones. Hay muchas *causas* que se pasan por alto o se descartan a la ligera para preservar la tranquilizadora sensación de que la gente en general es o tiene lo que se merece, al menos aproximadamente. A la inmensa mayoría —que se sitúa entre John Green y alguien completamente «despreciable»—[78] se

[78] Agee se refiere probablemente a John Aloysius Green, emigrante irlandés y conocido empresario y político en Estados Unidos, que en sus

la ignora sin rubor, como creo que hace usted implícitamente cuando dice que «sin duda, *algunos* no son culpables del infortunio, la pobreza o la enfermedad que padecen»: esas personas son las mismas que los propietarios de los campos algodoneros describen como «holgazanes e inútiles».

En fin, no tengo respuestas. Aquellos por quienes parece que voy tomando partido —comunistas, socialistas científicos, etcétera— dan por sentadas muchas cosas, y usted otras, y otra gente muchas más. Y entretanto, la inmensa mayoría sigue padeciendo males que no se ha buscado y que nunca entenderá. ¿Por qué no habrá una ciencia y un método del escepticismo puro, es decir, de la busqueda de una fe con más fundamento? Así al menos podríamos establecer con algo más de precisión de qué cosas se hace caso omiso y cuáles se dan por sentadas.

Aunque lo que yo quería era, sobre todo, mandarles todo mi cariño a usted y a su señora, y desearles una muy feliz Navidad.

Alma y yo nos hemos casado a principios de mes.

Un abrazo muy fuerte a los dos,

RUFUS

Querido padre:
[*Frenchtown, Nueva Jersey, 13 de enero de 1939*]

Estoy tan cansado que no consigo ponerme a trabajar, así que he decidido escribirle una carta, aunque sea a la buena de Dios. Me consuela pensar que, si aún estuviera en St. Andrew's, iría a verlo para hablar unos minutos con el mismo desorden.

Estoy cansado porque, después de dos semanas durmiéndome a las cinco de la mañana y despertándome tarde, hoy

comienzos había trabajado de picapedrero en una cantera y era considerado el paradigma del *self-made man* americano. Green había muerto en 1920.

por fin conseguí salir de la cama a buena hora, aunque muerto de sueño. Supongo que esta noche alrededor de las once tendré mi recompensa, pero entretanto me conviene ir con pies de plomo si quiero realizar cualquier trabajo o actividad con ciertas garantías.

Muchas gracias por el ejemplar del *Atlantic Monthly* (no consigo decir *Atlantic* a secas).[79] En cuanto lo recibí dejé de trabajar un par de horas para hojearlo un poco y leer los artículos que me recomendó, y después me pasé varias horas sintiéndome culpable, lo que me impidió seguir leyendo, así que mis comentarios tendrán poca sustancia. Sobre«Snobbery on the Left» [El esnobismo de la izquierda, de Dixon Wecter] sólo puedo decirle que estoy tan completamente de acuerdo —y desde hace tanto tiempo— con los puntos de vista del artículo que casi lamento que alguien más lo haya escrito, en vez de mí. De todas maneras, espero escribir en algún momento una pieza que ahonde en el terrible, y a menudo ignorado, poder destructivo de la ambigüedad de las palabras, las acciones y los conceptos, sobre todo en lo que atañe a las ideas morales; y en la cortedad de miras y la escasa autocrítica de los reformistas y revolucionarios organizados. ¿Cuántos horrores no se justifican en nombre del *amor*, la *lealtad*, la *honestidad*, el *deber* y sus antónimos? De los muchos significados de la palabra *orgullo*, ¿cuales resultarían más útiles para luchar contra el mal, por qué y de qué modo? ¿Cuáles podrían no serlo? ¿Cuáles no lo son, de hecho? ¿Cuáles son «obligados», «constructivos» y «para bien»? Yo mismo he tenido (y tengo aún) que estar en guardia contra una suerte de esnobismo invertido que en mí es innato, a saber: una sensación automática de humildad y respeto ante cualquiera que sea muy pobre y ante las personas de cierta edad sencillas y sin pretensiones. Por supuesto, es bueno sentir respeto, pero no cuando es au-

---

[79] En toda esta sección, Agee comenta el número de diciembre de 1938 de la revista *The Atlantic Montly.*

tomático y por definición, porque puede ser falso. En cuanto a «A Hired Man Speaks» [Habla un empleado, de Anton de Haas], el artículo sobre la educación, apenas he conseguido empezarlo. Parece una crítica sólida «desde el sistema», es decir, la opinión de alguien que cree que bastaría con revisar el sistema para que funcionara bien. Yo tengo tantas dudas al respecto que esta clase de crítica me parece irrelevante. A mi entender, la educación debería estar siempre desligada de las instituciones: las clases deberían impartirse en la calle, individualmente, como hacía Sócrates... o Cristo, si quiere; o, si me apura, con la pobreza y el rigor de las primeras universidades medievales; el progreso de esta organización y su posterior aceptación social asfixió el aprendizaje en lo que tiene de instrucción para usar el intelecto con intensidad e independencia, es decir, para convertirse en un «hombre libre» y dejar de ser un «siervo», lo que probablemente constituya la única gran obligación de la enseñanza. Una vez cumplido ese deber de independencia uno puede, por fin, estudiar tranquilo para convertirse en un especialista de lo que le plazca.

De los poemas, me gusta la versión actualizada de «In Flanders Fields»[80] y su posicionamiento en contra de la ignominia y la deshonra que supone «venderse» y traicionar los propios principios, pero discrepo en ciertos aspectos, por ejemplo: suponiendo que los soldados creyeran sinceramente que morían por defender y salvaguardar la última esperanza posible del bien ante un mal más que probable, creo que fueron víctimas de un engaño funesto (en parte, por hombres que se engañaban a sí mismos) y que, a la larga, en vez de pro-

---

[80] «In Flanders Fields» es un poema bélico escrito durante la Primera Guerra Mundial por el poeta canadiense John McCrae, entonces teniente coronel médico destacado en Flandes; en él, McCrea da voz a los soldados muertos en la Gran Guerra. La «versión actualizada» a la que se refiere Agee debía ser, muy probablemente, el poema «On the Jewish Exile» (Sobre el exilio judío), de Robert G. Nathan.

testar apelando a los valores con los que se engañaban, habría sido preferible que no se dejaran engañar. La guerra me tiene tan confuso que ni siquiera estoy seguro de si hubiera habido que declararla o no a raíz de lo sucedido en Checoslovaquia, con todo lo que aquello representa,[81] aunque eso no reduce ni un ápice la aversión que siento ante el horror y la vileza de lo que allí sucedió. Si tuviera más fe de la que tengo en las «democracias» como naciones humanas, tendría mucho más claro que apoyo la guerra; pero no la tengo, y creo que lo que nos plantean equivale a elegir entre una mofeta y una serpiente de cascabel: la mofeta es mucho menos mortífera, por supuesto, pero no me gusta tanto tenerla en mi casa como para ofrecerle mi apoyo.

He estado leyendo las *Conversaciones con Goethe* de Eckermann, que es interesantísimo desde el punto de vista estrictamente mental y también psicológico. Pero Goethe se me indigesta como ser humano, como «paradigma» de «artista» y «gran hombre», más que casi cualquier otro «genio» con excepción de Wagner, y en muchos aspectos incluso más, porque representa mucho más. Parece haber dos clases de buenos artistas (al menos): el «obispo» y el «santo»; no sé de un solo caso en que se solapen. Y no sólo prefiero al «santo»: creo que el «obispo» es un traidor a su Dios y una carga para la raza humana. (Por no hablar de los problemas y la confusión que causan los «santos», claro.)

Anoche vi una película muy buena, creo que le gustaría. Se titula *A Man to Remember*[82] y plasma —con más lucidez que ninguna otra película que haya visto— la vida de un médico

---

[81] En 1938, utilizando la diplomacia y la amenaza de guerra, Hitler había arrebatado a Checoslovaquia la región de los Sudetes con la connivencia de Inglaterra y Francia.

[82] Largometraje de 1938 dirigido por Garson Kanin, con guión de Dalton Trumbo. En castellano se distribuyó con el título de *El legado del médico*.

de pueblo que ha dedicado su vida a la gente pobre, su relación con el mundo y los dilemas que se ve obligado a afrontar, dilemas inevitables para cualquier hombre religioso, sea cual sea su oficio. La misma existencia sufrida y sin concesiones que ha llevado mi amigo Walker Evans durante los últimos doce años como fotógrafo o «artista» que no está dispuesto a venderse ni en su trabajo ni en su vida.

Creo (aunque temo pecar de optimista) que estoy llegando a la recta final del libro.[83] Será un verdadero alivio acabarlo, pero a cambio me va a dejar un vacío inmenso. Será fundamental que me lance a trabajar duro y de inmediato en otra cosa, sin tomarme ni un respiro: de otro modo podría sufrir un bajón que podría durar meses. Aún no he conseguido aprender ya sea a administrar mejor mi tiempo o a medirme a la hora de emprender un trabajo: sigo siendo prácticamente incapaz de hacer algo medianamente decente a menos que me sumerja completamente en ello desde el punto de vista sentimental; lo malo es que el sentimiento se agota y es inestable. No me gustaría perder del todo esa característica, pero también me gustaría poder escribir de tanto en tanto con frialdad, cabeza y constancia, como los investigadores científicos.

He empezado a enseñarle a Alma a tocar el piano (es una buena violinista y sabe mucho de música, así que es fácil). Incluso en estas clases informales descubro facetas curiosas y peliagudas de la enseñanza; por ejemplo que la enseñanza suele producir un doble efecto: por una parte, al enseñar, el maestro aprende cada vez más, pero también puede sucumbir a la ilusión de saber más de lo que realmente sabe. Separar ambas cosas y rechazar y anular la parte ilusoria sería el secreto, o uno de ellos, y no parece nada fácil. El único equilibrio posible se alcanzaría asistiendo una cantidad similar de horas a las clases de un maestro con conocimientos superiores... y duran-

[83] Se refiere a *Elogiemos ahora a hombres famosos*.

te los mismos días. Puede que trate de alcanzar ese equilibrio aprendiendo a tocar el violín con ella.

Hace poco intenté escribir un libro en un lenguaje que pudiera entender cualquiera que sepa leer y esté de verdad interesado. Fue un fracaso, y creo que me llevaría años aprender a hacerlo, pero la idea me gustó tanto que me ha costado mucho (y me cuesta) volver a mis viejos hábitos de escritura; incluso tengo cierto sentimiento de culpa. Las vidas de las personas comunes y corrientes, si es que son patrimonio de alguien, lo son de las personas como ellas, y sólo muy secundariamente de las personas «cultas» como yo. Si he llevado a cabo este robo espiritual, por mucha que sea la «veneración» que les tengo y mi voluntad de «honradez», lo menos que puedo hacer es devolver los bienes a sus propietarios sin emplear el lenguaje exclusivo de quienes menos idea tienen sobre lo que hablo. Pero ni puedo ni quiero sacrificar las ideas e intereses «cultos» que sólo podrían aburrir a los «incultos», y mientras no pueda transmitirlas en una lengua más creíble supongo que no tengo más remedio que escribir para los lectores «cultos». Además, desconfío de mí mismo, pese a la profundidad de mis convicciones, y creo que si uno va a ponerse a escribir algo que puede ser tan peligroso como un veneno, más vale dirigirse a adultos que a niños completamente indefensos.

Por las noches he comenzado a dibujar retratos de Alma y copias de postales de calles de ciudades estadounidenses. Nunca hubiera imaginado lo mucho que afina el ojo un poco de dibujo: hace que comprenda mejor cualquier detalle de un rostro o de un edificio y que sienta un inmenso apego por él. Dibujar lo remonta a uno a los fundamentos más primitivos del arte, cuando la gente creaba efigies destinadas a influir sobre los animales que necesitaban para alimentarse. Ahora «poseo» y «conozco» el rostro de Alma y una calle de Brooklyn en 1938 como si fueran parte de mí, tanto como mi propia mano, y lo mismo puedo decir de una de mis viejas casas de alquiler, que he dibujado de memoria. Tengo la impresión de que, si me dedicara a «enseñar» a niños o adultos, les haría pasar mucho tiempo dibujando, primero a partir de fotografías y luego del natural, con toda la paciencia y el detalle de que fueran capaces; me refiero a quienes quisieran aprender a «ver» el mundo.

Lo dejo, padre.

Le mando todo mi cariño a usted y a su señora.

RUFUS

[*Brooklyn, Nueva York,
27 de junio de 1939*]

Querido padre:

Gracias por sus dos cartas.

Espero de todo corazón que pueda venir y quedarse aquí una buena temporada para que podamos charlar largo y tendido, sin interrupciones.

Es posible que en julio Alma y yo nos vayamos de la ciudad, a unos ochenta kilómetros de aquí, para pasar el verano. Si así fuera, espero que venga y se quede con nosotros todo el tiempo que quiera; si no viene, ya iré yo a la ciudad a verlo. Y si al final no nos vamos podría quedarse con nosotros en Brooklyn: en casa hay sitio de sobra, aunque supongo que preferirá alojarse en Nueva York, donde es más fácil quedar con gente. En cualquier caso, hay unos cuantos amigos que quiero presentarle y creo que le caerán bien: venga, por favor.

Los últimos tres meses han sido muy malos aquí en Nueva York: llenos de preocupaciones de toda clase, por el dinero y el alquiler, y también «psicológicas». Entre unas y otras me están destrozando y apenas logro hacer algo de provecho, aunque creo que el panorama comienza a despejarse.

El libro está acabado salvo por unas pocas páginas que estoy ultimando con suma lentitud. No siento ya absolutamente nada al respecto, ni bueno ni malo, nada más que el deseo de poner el punto final, la sensación de que tiene grandes lagunas y la conciencia de que lo he escrito con «sinceridad» y en ningún momento he tratado de tirar por el camino más fácil. Y otras cosas que tengo claras o bastante claras en mi cabeza y que se vuelven pobres y confusas cuando trato de escribirlas.

Tengo unas ganas terribles de trabajar durante el verano, pero no me acabo de decidir entre una veintena de proyectos que me apetecen y para los que no me siento en absoluto preparado...

Si estuviéramos los dos aquí sentados, sé que podríamos hablar sobre ello en otro tono, pero sintiéndome como me siento es inútil que siga escribiendo.

Estoy impaciente por volver a verlo. Espero que venga.

Les mando un fuerte abrazo a usted y a su señora.

RUFUS

Querido padre: *[Monks Farm, Stockton, Nueva Jersey,
                          10 de agosto de 1939]*

[...] Alguna cosa he leído (muy poco): estoy terminando un libro de Cocteau, *La llamada al orden,* y releyendo con calma algunos pasajes del *Retrato del artista adolescente* sin dejar de avergonzarme de haber pensado siquiera que lo había leído ya, y planteándome la difícil cuestión de cuándo, cómo y a qué edad habría que leer según qué cosas, a menos que la relectura esté garantizada, aunque aun así la duda persista e incluya el espejismo —que yo padezco ahora mismo— de estar leyéndolo por fin de verdad. Sospecho que existe una regla casi química relativa a la «influencia», la «imitación» y el «plagio»: al leer «bien» o al asimilar una obra hasta el punto de dejarse influir por ella, uno trabaja tanto como lo hizo el propio autor, lo cual deja muy poco tiempo para la escritura y, para colmo, con escasas garantías. Pero estoy harto de los lectores (incluido yo mismo) que después de echarle un vistazo más o menos inteligente a una gran obra y entusiasmarse con ella tienen la ilusión de que la «conocen» o la «entienden», del mismo modo que hay gente a quien le presentan a alguien en una fiesta y sólo por eso afirma conocer a esa persona y hasta se refiere a ella por su nombre de pila. Me gustaría no volver a pronunciar el nombre de Shakespeare, Joyce, Beethoven, etcétera, nunca más, salvo en contextos sumamente concretos.

Puede que comience a trabajar en la edición (selección) y organización de una colección de cartas, pero lo más probable es que no, porque la idea fue de tres personas y dudo mucho que Harpers se avenga a dar un anticipo suficiente a los tres. Si la propuesta se acepta y se ocultan lugares e identidades (y puede que también los nombres de los editores), ¿le importaría que incluyera algunas cartas suyas? No hace falta decir que yo respetaría su intimidad allí donde sea conveniente. En fin, ¿me daría permiso? Ayer junté 35 ó 40 cartas perfectamente organizadas en una carpeta y me pareció que el resultado era interesante.

Puede que no haya pensado en ir a ver la película *Adiós, Mr. Chips,*[84] así que quiero recomendársela expresamente: creo que le gustará mucho. Me causó la misma impresión que el libro; definitivamente me gustó y llegó a enternecerme y hasta a conmoverme, pero eso mismo me produjo cierto recelo y un leve resentimiento conmigo mismo y con el autor por conmoverme con un material tan sospechoso. Además, discrepé considerablemente con la sustancia «filosófica» de la película. De hecho, sólo mi puritanismo me impidió sentir una aversión mucho más intensa: eso habría arruinado un buen baño caliente de placer sentimental. Últimamente, la falta de dinero me ha vuelto más mesurado de lo que me gustaría. Vol-

[84] *Good Bye, Mr. Chips,* largometraje romántico de 1939 dirigido por Sam Woods y basado en la novela homónima de James Hilton, publicada cinco años antes.

viendo a *Chips*, me sirve de ejemplo para algo que he pensado mucho: hay una parte del argumento que considero territorio sagrado, y creo que, cuánto mas sagrado es el territorio del que se hace mal uso (aunque sea de buena fe), tenemos que ser más implacables a la hora de juzgar la obra, incluyendo aquellos aspectos que nos parecen buenos y que nos hacen bajar la guardia. En ciertos sentidos, esta implacabilidad no sólo no es cristiana, sino que es decididamente anticristiana, y aun así es un requisito indispensable para el «buen artista», que es un «corazón puro», es decir: un «ser moral». Todo esto me confunde y, conforme a mi propia definición, resulta que a menudo soy un pésimo artista, inmoral e impuro de corazón. Al cabo, bien puede ser que esta definición —tentativa— de lo que está bien no sea más que la expresión de un buen deseo. En todo caso, cuando observo esa actutud implacable en el otros me inspira un respeto incondicional porque ese otro está llevando a cabo la tarea más difícil que cabe imaginar: está comportándose con crueldad ante la buena fe y la sinceridad en nombre de una verdad necesariamente relativa.

De cine no tengo más recomendaciones (puede que le gustara *On Borrowed Time* [En tiempo extra];[85] a mí me gustó más o menos del mismo modo que *Mr. Chips*). ¿Ha visto *Muchachas de uniforme* o ha oído hablar de ella?[86] Ojalá pueda verla. Está ambientada en un severo internado prusiano para chicas; hay una maestra buena y joven y las adolescentes más extraordinarias que hayan salido nunca en una película (o en un libro, por lo que yo sé), y entre todas ellas una que destaca en particular, dulce y discreta, que se enamora perdidamente de la buena profesora y, a raíz del escándalo que eso le acarrea, intenta suicidarse. Ante esta situación, la directora, símbolo de la rígida educación prusiana, se ve obligada a reconocer que

[85] Película fantástica de 1939 dirigida por Harold Bucquet y protagonizada por Lionel Barrymore.

[86] *Maedchen in Uniform*, de Leontine Sagan (1931).

los valores que ha defendido son un error y pierde toda su autoridad. Hay películas que encuentro más notables por su capacidad de fascinación, su técnica, su mensaje o su tratamiento, pero no hay muchas que logren gustarme tanto. Espero que la pueda ver algún día, si no la ha visto ya.

Ayer fue el cumpleaños de Alma. Vino Emma.* Hubo pastel y le trajeron unas cuantas cosas que nadie hace tan bien como Woolworth: un abanico chinos de paja, una flor artificial y unos guantes baratos de rejilla blanca.

Salgo hacia el centro ahora, echaré la carta al buzón. Fue un placer volver a verle. Espero que repitamos muy pronto el encuentro; me gusta pensar que es posible.

RUFUS

Querido padre: [*Monks Farm, Stockton, Nueva Jersey*]
Miércoles 29 de agosto [de 1939]

Esta carta no será gran cosa porque ahora mismo tendría que estar trabajando, pero sé que cuanto más aplace la respuesta más me costará escribirla, así que voy a escribirle ahora cuatro palabras, por míseras y triviales que sean. Le pido disculpas sobre todo por la trivialidad: la única forma de seguir escribiendo es pasarla por alto o sufrirla sin tratar de ponerle remedio. Muchísimas gracias por sus cartas y por todos esos recortes...

Por lo que hace a las palabras y frases ofensivas de las que me habla, no estoy en absoluto seguro de mi opinión y, aun así, me temo que en muchas cosas discrepo de usted, aunque en otras estoy totalmente de acuerdo. La ordinariez en el lenguaje me desagrada tanto como a usted, incluso más. La diferencia es que me parece posible ser igual de malhablado recurriendo a eufemismos y términos asépticos o supuestamen-

* Emma Agee Ling, la hermana de Jim.

te científicos que usando palabras vulgares o prohibidas. Lo que detesto no se circunscribe a las palabras, sino que abarca los actos, a las personas que las usan mal y el modo en que abusan de ellas. Por ejemplo, no creo que haya nada más lamentable que la asepsia de una palabra como *coito* cuando se usa mal, pero no me preocupa tanto la «restauración» de las palabras como la de ciertas actitudes o «filosofías» con respecto a las cuales toda palabra no es más que una grosera aproximación y una traición. Siempre he tenido un gusto y un criterio mudables, y a veces sumamente ordinarios, pero no recuerdo haber sonreído con lascivia, suficiencia o superioridad desde que superé la fase de ironía barata de los quince años; así que, cuando escribo, soy igual de reacio a usar en exceso el nombre de Dios que el de William Blake. En fin, será mejor que me calle.

Los escritos sobre la infancia de J. T. Adams me producen sentimientos encontrados,[87] a medio camino entre la conformidad y la sorpresa, y una intensa aversión hacia el personaje en sí, o más bien hacia los de su especie, con lo que suelo reaccionar pensando: «¿Qué *derecho* tiene usted a tener ese gusto o esa actitud?», y me daría lo mismo si se dedicara a encomiar el *Ulises* o tuviera una palabra amable para Dios. Si yo fuera un niño bellísimo, me gustaría poder elegir quién me mire. Por lo demás, coincido con Allent Tate,[88] salvo en ciertos aspectos: (a) creo que los seres humanos harían muy bien en aprender de los animales y espero que algún día lleguen a saber la mitad que ellos, en vez de esforzarse en distinguirse de ellos; (b) buena parte del conocimiento «inútil» me parece tan asfixiante y paralizante como la mayoría del conocimien-

---

[87] James Truslow Adams, escritor e historiador norteamericano que acuñó la expresión «el sueño americano» en *The Epic of America* (La épica estadounidense), de 1931.

[88] El poeta John Orley Allen Tate.

to «útil», aunque entiendo en qué sentido emplea los términos *útil* e *inútil* y no podría estar más de acuerdo.

Tendrá que disculparme por escribir a mano: el ruido de la máquina de escribir fundiría el poco cerebro que me queda.

Me alegro mucho de que le guste la idea del libro de las cartas, aunque parece poco probable que llegue a publicarse. No me atrevo a darle detalles sobre lo que he comenzado a escribir. El tema ya me causa suficientes inseguridades como para hablar de él. Sólo puedo contarle que estoy comenzando un libro del que desconfío y que he firmado un contrato para escribirlo (lo que me horroriza), de modo que voy a tener que aplazar otros proyectos que me apetecen más porque es la única manera de conseguir dinero para vivir y trabajar en algo que pueda considerar mío. Así que me siento incapaz, asqueado, resentido, impotente y culpable, dividido entre el deseo de vengarme de mí mismo, de *Harpers* y del «mundo», y el deseo de hacer el mejor trabajo que pueda. Es una sensación de desaliento, indiferencia y torpeza: ni siquiera llego a sentir rabia ni, evidentemente, nada mejor. Puede que eso cambie, y eso espero, porque estoy llegando a un punto muerto. Si me lo pudiera permitir, estaría encantado de dejar que alguien de confianza me sometiera a alguna clase de cirugía cerebral, pero lo que de verdad me haría ilusión sería madurar un poco y evitarme este tipo de inquietudes. Entretanto, he cumplido treinta años y he perdido irremisiblemente todos los trenes que hubiera debido tomar.

Un fuerte abrazo.   R.

No se preocupe ni sufra por este último apunte. Es sólo uno de tantos «estados de ánimo»: si sigo con vida es porque ya he aprendido a cuidarme a mí mismo.

Querido amigo:

[*Nueva York*]
26 de diciembre [*de 1939*] *San Esteban*

Espero que disculpe lo mucho que he tardado en escribirle. En los pocos ratos libres que he tenido he comenzado a escribirle varias cartas, pero las he interrumpido y dejado inconclusas. Tampoco ésta será una respuesta cabal, apenas dos palabras para mandarle un abrazo sentido a usted y a su señora con todo mi cariño y decirles que los tengo muy presentes. Me imagino que ustedes dos, al igual que mi madre y mi padre, habrán ido a la Misa de Gallo y habrán pasado juntos el día de Navidad, y ahora duermen, mientras a mí me invade la fatiga, lamento mi inexperiencia y mi falta de nobleza y pienso en ustedes cuatro o, más bien, busco su apoyo, de ustedes y de la fe católica, como se busca a unos padres llenos de paz y sabiduría, como se busca la infancia. Puede que sea un acto de debilidad o un producto del pánico, pero en sí no puede ser una mala idea. Estoy más que dispuesto a tratar de entender y a ponerme en el ojo del huracán para recibirlo luego en plena cara, pero hay que aprender a ser sensato y buscar cobijo cuando uno está a punto de ahogarse bajo la tormenta. Ojalá pudiéramos vernos y charlar tranquilamente. Ojalá me quedara fuerza y valor para escribir algo de poesía.

Su mujer podría haber salido mucho peor parada del accidente,* así que siento más alivio que rabia. Queridos míos (y disculpe la expresión), espero que estén los dos mucho mejor, ya repuestos por completo.

Buenas noches y que Dios los bendiga.

RUFUS

---

* Había resultado herida en un accidente de tráfico, aunque su estado no era grave.

Querido padre:

Le debo desde hace mucho tiempo esta carta, pero de nuevo tendré que ser breve. Tengo la sensación de que le duelen las larguísimas demoras de mis respuestas, y no me extraña: lo que temo más es que lo atribuya a la falta de cariño o de ganas de escribirle. Nada más lejos de mí. Entre el trabajo, mis tentativas esporádicas de escribir algo, mis problemas personales y mi escasa y pésimamente organizada vida social, voy siempre con el agua al cuello y me falta tiempo y claridad mental para casi cualquier cosa. Lo más peligroso, y lo que me da más miedo, es que no sólo carezco de disciplina intelectual y moral, sino que me falta el asidero para cultivar cualquier clase de disciplina. Si a eso se le suma cierta tendencia a la melancolía, la costumbre de ponerme sentimental y los ataques intermitentes de acedia (sensaciones que a menudo se presentan juntas) se entenderá que buena parte de mi vida la pase aturdido y, por momentos, en el mismísimo infierno.

Mi estado de ánimo ahora mismo es el habitual: me muero de ganas de hablar, pero frente al papel me quedo en blanco, de modo que ésta será una carta más bien parca.

Respecto del artículo de Walter Lippmann sobre el Congreso Juvenil que me envió,[89] he de decir que coincido en ciertos puntos, pero en general discrepo profundamente tanto con él como con aquellos contra los que arremete. Y que conste que prefiero la rabia al petulante jugar sobre seguro de la mayoría de los jóvenes (pienso en muchos estudiantes de Har-

---

[89] Se refiere a un congreso de jóvenes que se celebró en Washington en febrero de 1940. El presidente Roosevelt y la primera dama asistieron, y durante sus intervenciones fueron increpados por jóvenes que estaban en contra de la entrada de Estados Unidos en la guerra. Walter Lippmann, intelectual influyente entre la clase política y la prensa, dijo de los jóvenes asistentes que «eran sorprendentemente groseros, irrespetuosos, engreídos, malcriados y sin generosidad alguna».

vard), pero esa clase particular de rabia y sus manifestaciones siempre me han producido náuseas… Fue eso, más que ninguna otra cosa, lo que me mantuvo alejado del Partido Comunista cuando estuve a punto de afiliarme. En lo que toca a la política gubernamental, como a tantas otras cosas, me interesa más lo que está mal que lo que está bien a medias. Hay ideas o ideales por los que creo que moriría (si fuera preciso), pero no los aceptaría una vez manoseados por los gobernantes. Sé que aquí gozamos de ciertas ventajas impensables en Alemania o en Rusia, pero ¿desde cuándo ha de vanagloriarse un pueblo de sus virtudes evidentes, sin las que habría sido incapaz de sobrevivir? Y mucho menos cuando incluso estas virtudes se traicionan y contaminan, si no en todo momento, con una efectividad enorme, por no hablar de los miles de vicios que las atenazan. Prefiero un poco de libertad de expresión que ninguna, pero ¿cuánta gente es de verdad libre para expresarse o tiene posibilidades reales de ejercer esa libertad? ¿Acaso aquí, como en todas partes, no se toman medidas drásticas contra la libertad de expresión cuando es demasiado libre y entraña, por tanto, cierto peligro?

No estoy siendo muy convincente y será mejor que lo deje aquí. Lo que intento decir es sencillamente que, si de mí dependiera, le daría al César bien poco, como no fuera advertirle de que se cubriera la espalda, porque me parece que lo que por ley pertenece al César es, en último término, propiedad de Dios. Es cierto que en pocos años he perdido buena parte de mi fe, mi confianza y mi optimismo: tengo pocas esperanzas de que el cáncer se alivie, aunque sea un poco, mucho menos de que se pueda curar, pero en vez de sentir el impulso de moderar mis «preferencias políticas» he derivado (hasta ahora) hacia el arte, la psicología y la religión. Si no fuera anarquista probablemente sería un conservador de izquierdas, aunque me entra un miedo supersticioso sólo de escribirlo. En cuestiones morales preferiría no sentir ningún respeto por las medias tintas.

Nuestro hijo nacerá dentro de poco,* en una semana o dos. Siento al respecto tal maraña de esperanza, miedo, alegría, pena, vida, muerte, aprensión, interés y tantas otras emociones libres de derechos de autor que no me veo capacitado para tocar el tema de momento. En general, me he dado cuenta de que, por mucho que me conmuevan y exciten las ideas —relativas a la existencia en general y al arte en particular— en mi vida personal disto mucho de ser una persona sanguínea. No sé si la «cura» es posible o siquiera aconsejable. Sospecho no obstante que, a menos que aprenda a disciplinarme y encuentre algún asidero, tarde o temprano me romperé el corazón o la cabeza, o ambas cosas, sin haber realizado lo que más deseo, y que debería haber alcanzado ya.

Tengo que parar y volver al trabajo. Espero que estén bien. Les mando a usted y a su señora un fuerte abrazo.

RUFUS

Querido padre:

[*Nueva York*]
21 de septiembre de 1941

Quería escribirle una carta bien larga, pero me temo que ésta no lo será por dos razones: porque estoy cansadísimo y porque quiero escribirle una carta, no comenzar una novela por entregas.

Me gustaría comentar con tranquilidad mucho de lo que me cuenta y las cosas que me envía, y espero poder hacerlo, aunque me faltan energías. Intentaré decir lo mismo que le diría de viva voz, si pudiera, sobre los temas más urgentes, todos los cuales tienen que ver conmigo: estado de salud, dieta, sueño, posibilidades de contraer matrimonio, de recurrir a la psiquiatría, de tener otro hijo.

* Joel Agee.

En todo lo que me dice sobre la salud, la dieta, el sueño, los horarios y la disciplina estoy sustancial y —dentro de lo que cabe— apasionadamente de acuerdo. De hecho, ya he realizado algún progreso. Con el «dentro de lo que cabe» me refiero a algo bastante serio: que si doy con un modo más o menos sencillo y tranquilo de emplear mi tiempo y mantenerme en forma, no hay nada que me apetezca más ni cuya necesidad considere tan palmaria. Pero si se trata de algo tan complicado como hacer dieta o establecer un horario o una administración demasiado sensata del tiempo para a cuidar de mí mismo, la empresa fracasará. Digamos que no hay nada que me desquicie más que estar pendiente de ponerme botas de agua en los días de lluvia. Y ésa es, por descontado, la verdadera causa de mi casi absoluta falta de sensatez y disciplina.

Aunque tampoco veo muy probable que me exceda en la autodisciplina, con lo que le doy la razón. Estoy mejorando, aunque los resultados de momento sean menores.

La psiquiatría me interesa mucho, y aún más el psicoanálisis, pero a menos que se trate de tener una charla general con alguno de sus especialistas —cosa que me gustaría— soy reacio a recurrir al uno o la otra, salvo en caso de extrema necesidad. Y aún no siento esa necesidad extrema: en realidad, creo que podré salir de ésta por mi propio pie. Con todo, reconozco que tengo una querencia extremadamente poderosa, en todos los ámbitos, hacia la autodestrucción, y que sé poco o nada sobre sus causas o la forma de controlarla. Hay mucho que podría aprender y de lo que podría liberarme, que me causa a mí y a quienes me rodean una buena dosis de dolor, frustración y desgracias, y supongo que tarde o temprano tendré que recurrir a la ayuda de especialistas, pero casi preferiría morir (o adentrarme en un mundo narcótico) que someterme a un psicoanálisis que dure lo necesario. No hay nadie en el mundo en quien confíe hasta ese punto, y en cada rostro psicoanalizado descubro una expresión de profunda derrota o humillación espiritual (una cara que parece gritar:

«Soy un hombre que finalmente ha renunciado a su propia alma, pues se la ha entregado a otro...»); ante la disyuntiva, preferiría soportar un grado bastante doloroso de sufrimiento espiritual y de enfermedad.

Querido padre: [*Nueva York,*
                                    25 de septiembre de 1941]

Es un placer saber de usted, y también tener, para variar, algo de tiempo disponible para responderle a vuelta de correo. Supongo que esta carta será tan inconexa como siempre, sólo espero que no resulte demasiado pesada de leer.

Me han ocurrido algunas coincidencias curiosas, como si dos diminutos granos del mismo periodo del pasado más lejano volvieran a aflorar de pronto, y por razones ignotas, en pocas horas: un número que se repite una y otra vez en la ruleta. Pienso en el efecto que esa clase de cosas tienen sobre uno. Le pongo un ejemplo reciente: he pasado buena parte de la tarde mirando un libro de fotografías de Cecil Beaton. Siempre me ha producido cierto desdén: hoy, viendo 500 fotografías reunidas, más bien me ha inspirado respeto. Esas fotos encarnan la perfección, el cenit —a finales de los años veinte, quizá—, de la clase alta artística inglesa de los primeros años tras la Gran Guerra: bisexual, dandy, corrompida, algo clasista y con un regusto romántico, melancólica y frívola. Beldades, putas, espectáculos, ballet, artistas de segunda y de primera, deliberado y ultrasofisticado «mal gusto». Una vergüenza, si se compara con una obra profunda y pura como la de Walker Evans, pero cargada de significado histórico y sentimental y de una rara especie de belleza. Me ha recordado todo aquello y ha despertado en mí todas mis inclinaciones de ese tipo. Al volver a casa (como me da por llamarla) ha dado la casualidad de que, en el piso de arriba, se han puesto a escuchar *Façade*, una selección de poemas de Edith Sitwell acompañados con música de William Walton:[9º] la esencia de aquel periodo, un disco que hace diez años me sabía de memoria y que en los últimos cinco apenas he oído o ha cruzado mi pensamiento. Otro ejemplo: ayer vi cuatro cortometrajes, rodados en París entre principios y mediados de los años veinte, que me tocaron más profundamente que cualquier otra cosa que se haya hecho desde entonces, fuera de Eisenstein, Dovchenko y un par de cosas que han salido de mi propia cabeza. Aquello trajo de vuelta, en un instante, los remordimientos por no haber pasado unos años en París en lugar de ir a Harvard y ponerme a escribir para *Fortune*. Aunque sigo dudando de que mi mentalidad fuese —y sea— especialmente apta para algo así: tengo ideas confusas, muy de clase media, una mentalidad muy cristiana —en el peor sentido de la palabra—, una sensibilidad muy turbia y un deseo de usar mi cabeza con precisión tan intenso, y también tan raro y fugaz, como mis esporádicos arranques de religiosidad reencontrada. Las buenas cabezas no necesitan dar vueltas a estas cosas y tomar a cada momento resoluciones tan elementales e infantiles.

La fisognomía me interesa mucho justamente porque sus interpretaciones varían y con frecuencia yerran, igual que sucede con las distintas lecturas de un poema. Al dorso de mi fotografía me escribía usted: «Espero que te guste tanto como a mí. El recuerdo me hace sonreír y pensar "qué cosas más fantásticas tiene esta vida".» Hay un detalle que me interesa «clínicamente»(aunque detesto esa palabra): al ver la foto por primera vez, antes de leer el comentario, (a) no me reconocí y lo que vi no me gustó especialmente, y (b) cuando me reconocí me quedé de piedra, al descubrir en aquel rostro complacencia y tosquedad, la clase de inteligencia que se

---

[9º] *Façade – An Entertainment* (Fachada: el espectáculo), una colección de treinta y tres poemas recitados y acompañados de música, fue la obra que en los años veinte catapultó a la fama al dueto británico formado por la poeta Edith Sitwell y el compositor y arreglista William Walton.

sobreestima y una especie de duplicidad que me turbó, pero que fui incapaz de analizar con claridad. Luego leí lo que había escrito usted y me sentí aún peor: me di cuenta de cuánto lo quiero porque es usted amable y tolera o ignora lo malvado que soy, y sentí vergüenza por haberle decepcionado tanto, intencionadamente o no. Luego la foto me hizo sentir lo mismo que a usted y hasta comencé a gustarme, y ahora mismo mi sensación es una amalgama de todo eso. Sin duda por vagancia y estupidez, o por falta de método, que es algo que sabría distinguir mejor si no fuera tan vago, no puedo (ni voy a) detallar el análisis más allá de cuatro comentarios vagos sobre las comisuras de mis labios y la posición de mis ojos. Y aún menos he conseguido saber a qué se debió aquel vuelco de la repulsión al afecto. Así que no estoy haciendo muchos progresos en la ciencia de la fisiognomía, pero así, en bruto, creo que tiene su interés.

Podría añadir algo más: la foto del señor W. —antes de leer su nombre al dorso— me pareció un estudio especialmente hermoso de un hombre mayor de clase media, conservador, medianamente culto y próspero y con un aura casi enternecedora de sátiro de buena cuna, lo cual cuadra más bien poco con casi todo lo que sé del señor W. Después de ver el nombre (con asombro y una pizca de vergüenza) traté de conciliar el recuerdo y la imagen, y lo logré hasta tal punto que de la primera imagen no queda nada, como si se tratara de un truco o de un juego más que de una realidad o incluso de una ilusión.

En cuanto a las fotos de Mia: con las personas a las que quiero soy capaz de fundirme, me acerco demasiado como para verlos como son, de modo que lo primero que percibí fue un aire peculiarmente señorial de profunda tristeza (aunque miraba con los ojos de Walker, no con los míos): ese aire está presente en las dos fotografías, y me resulta en ellas mucho más claro que en persona. Supongo —una observación analítica medianamente buena, para variar— que eso demuestra la distancia que media entre la veraz frialdad de cualquier cámara u ojo humano y el vaho del mío, y que a fuerza de estudio y meditación quizá podría llegar a desempañarlo...

Tengo por delante una semana muy dura: además del trabajo hay que buscar piso, mudarse y hacer una llamada para averiguar si califico o no como miembro de un jurado popular. Entre una cosa y otra, estoy seguro de que no tendré tiempo de ver a Payson Loomis,[91] aunque me apetece mucho. Hace tiempo que tengo ganas de hablar con especialistas de otros campos, sobre todo con científicos, técnicos y filósofos de formación. Tal vez ya se lo había comentado, pero empiezo a sentir una gran carencia de formación. Me interesa mucho hablar con un amigo vienés de Mia cuyos campos de especialización son la estética, la música, el arte y la arquitectura, pero lo que de verdad me llama la atención es su tremenda agudeza mental...

Lo que me comenta sobre mi libro da en el clavo hasta el punto de avergonzarme,* porque es un libro pecaminoso, al menos en la medida en que «no alcanza su objetivo», y creo que en otros sentidos aún más perversos. En cuanto a la opinión de su señora, me da la impresión de que su juicio es de una profundidad que sólo puedo vislumbrar, y seguramente es el que más respeto me inspira...

Le he enseñado a Helen algunas de sus fotos:[92] le gusta mucho la atmósfera y le parecen conmovedoras. Ella ha hecho unos grabados de tema mexicano y me ha enseñado la primera hornada; hay algunos que me entusiasman de verdad, entre ellos una serie absolutamente mágica de unas niñitas jugando: algo que en ballet sería imposible de conseguir.

Voy a tener que parar aquí y ponerme a trabajar. Un fuerte abrazo a usted y a su señora.

R.

---

* Acababa de publicarse *Elogiemos ahora a hombres famosos*.
[91] El poeta estadounidense.
[92] A la sazón, Agee había hecho amistad con la fotógrafa Helen Levitt.

Querido padre:

El otro día le escribí una carta, pero no recuerdo si se la envié. Hay pocas novedades y poco que contar. Al regresar vi que me habían clasificado en la categoría 3-A (no apto para incorporarse a filas de inmediato), pero me acaban de reubicar en la I-A (reclutamiento inmediato). La junta me informa de que eso significa que me llamarán a filas en julio o agosto, así que probablemente (no puedo fiarme de nada de lo que me dicen) estaré por aquí cuando vengan. Me encantaría tener algún tipo de crisis nerviosa, si encontrara la manera de provocarla, pero por lo visto mi constitución es de esa especie particular y anfibia que podría superar casi cualquier prueba sin por ello sufrir menos la miseria que conlleva. Lo positivo del asunto es que tal crisis sería profundamente negativa para mí, simplemente porque no podría alegrarme de haber conseguido quedarme al margen de algo que hace sufrir a tanta gente. Pero eso es lo único que podría decir en su favor...

Si no los veo tanto como querría cuando estén los dos por aquí, espero que lo entiendan y sepan disculparme... Quiero escribir un poco, si puedo, sobre todo porque el reclutamiento es inminente. En estos momentos tengo tantos compromisos laborales que cada día supone una frustración que me destroza los nervios, así que tendré que hacer todo lo que pueda para ponerme firme y sólo reservarme alguna noche. Espero que si lo consigo no vayan a pensar que no me apetece verlos mucho más, porque me apetece muchísimo. En fin, seguramente lo entienden de sobra: el problema es que siempre me han obsesionado las dudas sobre lo que entiende o no la gente que me rodea. Un abrazo de mi parte a la señora Flye, y a usted todo mi cariño, como siempre.

RUFUS

Querido padre:

Seré muy breve. Gracias por sus dos cartas.

Había oído ya en alguna parte que Lowell fue condenado y encarcelado.* Me alegro de saber dónde está preso y el modo de contactar con él y su mujer porque (a menos que lo piense mejor y concluya que no va a gustarle) quisiera escribirle y, si es posible, visitarlo; a él y a su mujer, si es que necesitan compañía y apoyo y yo puedo ser de alguna utilidad en ese sentido.

Sobre la carta de Charles tengo uno o dos comentarios. Me parece (y creo que no me equivoco) que dispone de poco tiempo, y soy consciente de lo mucho que debe de significar para él emplearlo del mejor modo. Pero cuando, al valorar su lectura de *Guerra y paz*, dice «creo que éste ha sido un tiempo bien empleado», el cariz parece distinto, y creo que Charles ganaría mucho si tuviera clara la diferencia. Es posible que esté exagerando lo que en mi caso fue algo más espontáneo que consciente, pero me pregunto si en esa frase no se esconde (teniendo en cuenta que Charles es excepcionalmente serio, metódico y claro) una concepción esencialmente equivocada, limitada y puritana sobre la utilidad de la lectura, el conocimiento, las vivencias y el placer. ¡Cuántas cosas pueden echarse a perder si se codician con excesivo ahínco...! Supongo que él es consciente de ello o lo entendería si alguien se lo explicara con bondad y compasión (un pleonasmo). Espero que se encargue usted de ello.

En cuanto a Rusia y a nuestros planes de posguerra, tendría que emplear varias páginas para decir lo que pienso, así que será mejor que no diga nada. De nosotros y de los ingleses (si nos salimos con la nuestra) me espero lo peor: poco más de lo que que esperaría de Hitler. Sería terrible que la muerte de ese hombre significara la deshonra de ambos países. De Rusia tampoco espero nada bueno (y de Chiang Kai-shek aún

* El poeta Robert Lowell, como objetor de conciencia.

menos) aunque confío en que al menos se dé cierto equilibrio entre poderes, forzado por el azaroso final de la guerra. Pero, como le digo, tengo muy pocas esperanzas.

Vuelvo a escribir sobre películas más que sobre libros, pero me gustaría echarle un vistazo al de Roussy de Sales.[93]

¿Cómo va el año de momento? Estoy impaciente por tener más noticias suyas... y espero poder escribirle por extenso muy pronto.

Un fuerte abrazo,   JIM

Querido padre: [*Nueva York,*
                                        22 de enero de 1944]

Siento mucho no haber respondido hasta ahora la carta de David [McDowell]. La extravié en un bolsillo, se me traspapeló con algo del trabajo y finalmente se hundió en mi propia culpa, que siempre se las arregla para impedirme hacer justamente lo que la aliviaría. Lo mismo podría decir para justificarme por no haberle escrito a usted ni una línea en tanto tiempo.

Se pregunta si hay más gente que comparte su desagrado por el uso de la palabra *Jap*. A mí me retuerce las tripas, lo mismo que *Nip*, *Nippon*, *sub* (también *U-Boat* me molesta, aunque a veces la uso) y *war effort*. Y a la que lo pienso se me ocurren más: *Jerry*, cuando la usa un estadounidense (o un inglés, para el caso), y *Reds* y *Muscovites* y *Blitz* (aunque esta última es mucho más interesante). Quienes usan esas palabras seguro que no tienen estómago, sino «barriguita».[94]

---

[93] Agee escribía entonces reseñas de cine para *Time*: véase *Escritos sobre cine* (*Agee on Film*). El libro de Raoul Roussy de Sales, al que se refiere debe de haber sido, muy probablemente, *The Making of Tomorrow* (La construcción del mañana), que se publicó en 1942, el año de la muerte de Roussy de Sales.

[94] *Jap*, *Nip* y *Nippon* eran formas despectivas, hoy en desuso, de referirse a los japoneses; *sub* y *U-Boat* siguen siendo formas habituales de lla-

He estado leyendo algunas cosas de madrugada, pero por desgracia me faltan energías para decirle nada más que los títulos: *Rojo y negro*, de Stendhal; *Las aventuras del buen soldado Svejk*, de Jaroslav Hasek y un libro que analiza los poemas de William Blake y sus llamadas «profecías menores». El que le recomiendo al 97 por ciento es el del soldado Svejk, que me ha recordado St. Andrew's, sólo que transplantado en el ejército austrohúngaro: es la sátira más graciosa y ácida que he leído nunca sobre la burocracia, el autoritarismo, la ciencia y otras miserias. También he leído un muy buen libro sobre E. M. Forster, de Lionel Trilling, que escribe con gran lucidez sobre el supuesto, ingenuo y literal, de que el mundo no sólo es redimible, sino que puede explicarse en términos de ovejas y de cabras, cuyos defensores se ofenden terriblemente con el mundo cuando no coopera y se quedan absolutamente petrificados cuando aparece un novelista (Forster) lo bastante pícaro como para burlarse de ellos y del mundo y que, para colmo, es también bastante literal. Trilling afirma que Stendhal creía que la alegría era el distintivo del hombre inteligente: una afirmación que debería llevar escrita en la frente casi toda la gente «inteligente» que conozco. El libro de Stendhal es maravilloso: jamás he leído nada tan hermoso sobre la incomprensión entre las personas, los enrevesados engaños y autoengaños a los que se someten, el mal que puede surgir de un buen impulso y el bien que puede resultar de uno maligno.

He tenido especiales ganas de volver a verle desde que Jimmy Stern me prestó dos poemarios de John Betjeman (en in-

---

mar a los submarinos; *war effort* puede referirse al «esfuerzo bélico» en general o, más en particular, a la solidaridad civil en tiempos de guerra; *Jerry* es una forma despectiva y en desuso de referirse a los alemanes; los *Reds* y los *Muscovites* son, naturalmente, los «rojos» y los «moscovitas»: los comunistas; el *Blitz*, préstamo común del alemán a otras lenguas, es un bombardeo aéreo fulminante y violento.

glés de Gales, dice) titulados *Continual Dew* [Rocío continuo] y *Old Lights for New Chancels* [Viejas luces para presbiterios nuevos]. Copio aquí unos fragmentos, aunque no sé si bastarán para mostrarle por qué creo que le gustaría tanto. Cito del prólogo de Betjeman: «Gracias a *Punch*,[95] ahora los suburbios, a los que va dirigida la revista, pasan por ser "raros". Todavía hay gente que cree que los paisajes industriales victorianos sólo merecen improperios. Las iglesias siempre parecen "raras" cuando quien las describe es un escritor verdaderamente devoto. La luz de gas es rara. Post Street es raro, y hay toda clase de lugares y cosas que son raras cuando les da por encontrarles la rareza a los escritores raros. A mí me encantan los suburbios y la luz de gas y Post Street y las iglesias neogóticas, las ciudades provincianas y las ciudades jardín. Muchas de estas cosas son parte del caparazón que llevo a cuestas. A partir de ellas intento recrear una atmósfera —que en su momento podrán recordar quienes tuvieron el mismo caparazón— cuando Inglaterra sea un mar de apartamentos de protección oficial, autopistas y fábricas de acero y cristal en la nueva Europa que nacerá al acabar la guerra». Los poemas están en el inglés más puro que he visto nunca.

En fin, ya estoy cansado y aún quiero copiarle unos cuantos poemas. Así que permítame terminar la carta aquí.

Buenas noches, un fuerte abrazo y muchísimas gracias por sus cartas, padre, sobre todo la de Año Nuevo.

RUFUS

[95] Célebre revista satírica inglesa, fundada a mediados del siglo XIX, que alcanzó en los años cuarenta del siglo XX su máxima popularidad. Desapareció en 1992.

Querido padre:

Pruebo una nueva forma de escribirle una carta, puesto que las demás han fracasado. Son las siete menos diez y tengo que salir a las siete para acudir a una cita, así que voy a abrir el grifo, a dejarlo correr durante ocho minutos y a enviarle el resultado, sea cual sea. Gracias por su última carta y por todas las anteriores, que me apena mucho no haber respondido. Han sido un otoño y un invierno bastante pesados. Hice un viaje a Hollywood; al volver, Emma estaba muy enferma y me pasé varias tardes con ella en el hospital, y luego con Don. Cuando le dieron el alta ya habían llegado Alma y Joel, que volvieron a México hace unos diez días. He podido trabajar muy poco en mis cosas, y aunque ahora tengo esperanzas de hacerlo por primera vez en varios meses porque voy a tener algo de tiempo libre, me enfrento a mi proverbial ineficiencia para gestionar el tiempo, a mi falta de disciplina y a un bloqueo un poco más oscuro de lo normal. En las próximas seis semanas veremos qué sucede, en un sentido u otro. Me alegro de que haya posibilidades de que pase por aquí en verano. Aún no estoy seguro de si mis vacaciones caerán en primavera, verano u otoño, pero en cualquier caso no me moveré de la ciudad durante la mayor parte del tiempo en que usted esté aquí.

Últimamente vuelvo a tener ganas de escribir una columna en algún periódico o revista —sobre temas variados, pero que me permitan realizar un análisis detallado del siniestro y velocísimo declive y perversión de todo lo que podría entenderse por individualismo, conciencia del mal, de la tragedia, de la discriminación y del compromiso moral; la perversión de casi cualquier clase de racionalismo en favor de toda clase de fines y usos irracionales; el miedo a lo supuestamente irracional, el falso renacer de la falsa religiosidad, etcétera—. Fuera cual fuera la idea de dignidad que se asoció al «liberalismo», la noción misma de un verdadero «liberal» es casi inexistente a estas alturas: ya nadie puede distinguir a sus amigos de sus enemigos. Hace poco escuché a varias personas inteligentísimas hablar del linchamiento de Caretta de un modo que equivalía, punto por punto, a justificar aquel horrible acto.[96]

Se me acaba el tiempo. Me temo que no me he explicado en absoluto, pero mi idea es escribir a contracorriente en un periódico supuestamente liberal dirigido a esa clase de lectores. Y tocaría cualquier tema, desde la educación infantil y el análisis de textos publicitarios hasta las distintas actitudes que prevalecen frente a los «criminales de guerra». Bueno, me despido por el momento y les mando un fuerte abrazo a usted y a su señora.

JIM

Querido padre:

[*Nueva York,
29 de marzo de 1945*]
Madrugada del Jueves Santo

Cristo ha resucitado. Siento no poder escribírselo en griego. Sin tener religión —al menos del modo en que aprendí a entenderla—, he tenido muy presente la Semana Santa y he tratado de celebrarla como no lo había hecho en mucho tiempo. Cada año la tengo presente, y mucho, pero hacía tiempo que no la vivía como si me concerniera personalmente. Es poco probable que algún día me convierta en una persona cabalmente religiosa o vuelva a comulgar, pero ni siquiera hace falta decir lo agradecido que estoy por los pocos sentimientos reli-

---

[96] Donato Caretta fue un funcionario italiano, director de la cárcel de Regina Coeli hasta la liberación de Roma por las fuerzas aliadas. El 18 de septiembre, en la primera vista del juicio contra Pietro Caruso, ex superintendente de la capital, que no se presentó, la muchedumbre identificó a Caretta y lo linchó en la calle sin que sus escoltas pudieran hacer nada para protegerlo.

giosos que sí tengo, y que sé que usted valora. (Esto que le escribo es un desastre: mejor sería guardármelo o escribirlo con más esmero, pero estoy demasiado cansado como para hacer una cosa u otra. Al final, es estrictamente lo que tengo en la cabeza, y usted, la persona con la que más me gustaría hablar.)

Perdóneme que le escriba con tanta premura —parecería que quiero felicitarle la Pascua, aunque sé que esta carta no le llegará antes del lunes—: se me han mezclado los sentimientos del final y de la Pasión.

Me he acostumbrado a dudar de tantas cosas que por momentos siento renacer una especie de fe: pensamientos y conclusiones se mezclan en mi cabeza con recuerdos personales e históricos, con proyecciones del futuro, con certezas, hasta tal punto que no puedo evitar echarme a llorar: me parece mentira no ser cristiano y católico en el sentido más simple y estricto de los términos. Agradezco estas emociones, pero pronto vuelvo a dudar.

Gracias por la —extraordinaria— cita de Rebecca West y por el poema de Kipling, que siempre me ha gustado. ¿Conoce la antología de Kipling que hizo Eliot y el ensayo que le dedicó?[97] Creo que ambas cosas le gustarían. El libro que más me interesa últimamente es *The Final Struggle* [La lucha final].[98] Si está en Sewanee, espero que lo lea; si no, lo tengo aquí. Hay pocos libros que me parezcan realmente desgarradores, y éste es uno de ellos.

Me alegro de que le guste la idea de la columna. Tengo aún mis dudas sobre mi capacidad de seguir el ritmo de una publicación y hacer las cosas bien. Creo que la autocrítica y las dudas personales tendrían que formar parte de una columna así, pero si crecieran hasta ocupar el noventa por ciento del

---

[97] *A Choice of Kipling's Verse*, de 1943. Ese libro incluye, a modo de prólogo, un ensayo de T. S. Eliot.

[98] Una edición en inglés de los diarios de Lev Tolstói y su mujer durante el último año de vida del escritor.

espacio disponible serían más propios de un diario personal que de una columna periodística. Voy a hacer algunas pruebas concretas durante unas semanas para ver cómo sale y si puedo compaginarlo con el resto del trabajo o no. Por mucho que me atraiga esta clase de cosas, me da cierto reparo embarcarme en algo así cuando, sin esa responsabilidad a cuestas, trabajo ya tan poco en los proyectos personales que más ilusión me hacen. Algún día sabré lo joven que era a los treinta y cinco años, pero ahora mismo es una edad aterradora.

Voy a tener que detenerme aquí, pero volveré a escribirle en breve. Siempre me alegra saber de usted.

JIM

Una noche Mia y yo jugamos a escribir versos a partir de la primera palabra que saliera al abrir un libro (los *Cuentos de los hermanos Grimm*) al azar. Le adjunto dos muestras que no son muy dignas de alabanza, pero que tienen alguna gracia:

(a partir de la palabra *asleep*)

Asleep, perfected, you would never believe
Harm of a one of them. That stirring hand,
That leg, might clasp, endear, be brought across
An enemy, as gently as a wife.
How God must grieve,
Watching in all this shadow land
The flinching vigil candles of this countless loss
In night's nave each a life:
Who groans, smiles, murmurs, quiets; then on the horn
Transpierced, assembles upward, and reborn,
By all that skill and bravery crowns with him
Works, while he wakes, to put himself to death.

[«Dormidos, perfectos, cuesta imaginar | ningún daño que de ellos proceda. Esa mano inquieta, | esa pierna, podrían aferrar a un enemigo | y hacerse querer con la amabilidad de una esposa. | Qué pena sentirá Dios

mirando, | en este valle sombrío, titilar| las incontables velas del altar de
la noche, | cada una una vida: | quién gime, sonríe, murmura, calla, | y lue-
go, al sonar la trompeta, traspasado, se reencuentra consigo | y, por pura
valentía y destreza, se levanta | a ponerse manos a la obra con la muerte.»]

(a partir de la palabra *kingdom*)

In that kingdom no one cries.
No one doubts, for no one lies.
No son ever dreads his mother,
Nor no brother envies brother.

Families, there like nearby trees
Spring and shelter, and the bees
Groan among the cloudy flowers;
Angels, each a soul devours.

There continually the smile
Of the heart that knows no guile.
There, untroubled, people greet
Death like an old friend in the street.

[«En aquel reino nadie llora. | Nadie duda, porque no miente. | No hay
hijo que tema a su madre, | ni hermano que envidie a su hermano. || Allí
las familias, como los árboles, | florecen y dan sombra, y las abejas | zum-
ban entre las flores, | y cada una, como un ángel, | liba un alma. | Allí, de
continuo, sonríen los corazones, | pues no conocen maldad. | Allí se salu-
da a la muerte sin turbarse, | como al amigo que se encuentra por la calle.»]

Querido padre: [*Nueva York,
15 de mayo de 1945*]

Gracias por su carta. Ésta va a ser otra respuesta veloz, roba-
da a un momento de descanso. Estoy de mal humor (el calor,
las prisas, retrasos en el artículo de *The Nation* y aún más en

mis proyectos personales, pocas esperanzas de disponer de tiempo libre y de emplearlo como es debido si lo llego a tener) y debo prevenirle; espero no desquitarme con usted en esta carta. Y me preocupa, porque si hay algo en su carta que me ha hecho aguzar el oído (o que me ha puesto los pelos de punta, más bien) es lo que dice sobre la legislación contra la discriminación. Lo que le parece objetable también me lo parece a mí: detesto profundamente la coerción, de esta o de cualquier otra clase, que es además sólo una de muchísimas coerciones que se nos imponen cada vez más como algo necesario o inevitable. Pero tanta o más aversión me producen las distintas formas de discriminación que esta ley intenta combatir. Hay muy pocas maneras de combatir la discriminación, y me temo que, en general, no funcionan; sin embargo, dadas las circunstancias, estoy a favor de cualquier cosa que se intente en ese sentido. Además, para mi sorpresa, algunas cosas sí han funcionado: en el ejército, en las pocas ocasiones en que se ha reunido de verdad a blancos y negros, en vez de limitarse a restregarlos unos con otros en un suplicio sin sentido, las dificultades que supuestamente impedirían el buen funcionamiento de las tropas se diluyeron con sorprendente rapidez. Aquí hay muchos negros empleados en el metro y en las oficinas de la administración pública —de hecho, son tantos que parecen haberlos contratado por puro sentimiento de culpa—, pero está funcionando muy bien: la gente acepta sin tensiones ni dramas una situación que la mayoría hubiera encontrado difícil o imposible de aceptar si no se la impusieran. Una de las cosas que, me parece, usted pasa por alto al criticar la nueva ley es el hecho generalizado, aunque no universal, de que la discriminación no sólo atiende a la raza o a la religión (o al sexo), sino que es también económica. Esas preferencias y prejuicios con los que según usted habría que ser indulgente contribuyen a que millones de negros (por ejemplo) sigan viviendo en la más absoluta pobreza, y a que muchos judíos —cuya situación económica es más variada— sigan consti-

tuyendo un grupo endogámico, interdependiente y predatorio. A mí me parece un problema gravísimo, pero aunque no
lo fuera, aunque no hubiera ningún grupo social que padeciera por ello económicamente, yo seguiría protestando enérgicamente. Sé muy bien que, a la larga, es imposible forzar o
persuadir a un antisemita a que se lleve bien con los judíos y a
que deje de generalizar (ése es el quid: la generalización), pero
no me siento en absoluto impelido a defender a ese antisemita ante la ley, del mismo modo que no apoyaría nuevas leyes
para proteger a los pervertidos que andan por ahí seduciendo
a criaturas con caramelos.

De lo que estamos hablando es de lo que cada uno de nosotros considera realmente «justo»: usted le da mucha importancia al derecho de cada cual a contratar o dejar de contratar a quien quiera, y yo también. Pero además creo que todo
ser humano tiene derecho a no ser discriminado, aunque eso
vulnere el derecho de otro a odiar, por ejemplo, a los judíos o
a los negros, porque no considero el odio un derecho, sino un
error. Que el odio exista no justifica su existencia, como la
crueldad y la sed de venganza que albergamos todos, o la inmensa mayoría, no justifica la crueldad o la sed de venganza
en general. Me doy perfecta cuenta de que los recovecos y ramificaciones emocionales que se esconden tras esta clase de
aversión (o miedo) son casi infinitos y se sitúan más allá de la
voluntad o responsabilidad de la mayor parte de las personas
que los sienten (pienso sobre todo en la visión que tienen los
blancos sureños de los negros), y también de que una legislación de esta clase habrá de levantar ampollas, además de menoscabar otros derechos. También puede ser que al final tenga poca importancia y nada cambie, pero preferiría que hubiera algún cambio y que los problemas se dirimieran con la menor cantidad de sangre y brutalidad; y aunque estos métodos
no evitarán ni una ni otra cosa, estoy seguro de que sería infinitamente peor no recurrir a ellos. Cuando uno sopesa sus
posibles consecuencias, es cierto que son trágicas e indesea

bles, y es comprensible la tentación de preferir la relativa tranquilidad del presente o el pasado, pero no hay fuerza en este mundo que pueda detener el cambio, aunque tampoco la haya para garantizar que tal cambio sea para bien. Me parece que, en este caso, la cuestión sobre lo que está bien, o lo qué entrañaría un bien mayor, ni siquiera viene al caso, porque (al menos para mí) está claro qué es lo que es más correcto hacer...

R.

Querido padre: *[Nueva York, 21 de mayo de 1945]*

Otra carta exprés. No estoy en condiciones, ni dispongo del tiempo necesario, para discutir el tema de la raza con sensatez, y menos aún el del «bien» (un asunto más complicado, si cabe). En el fondo me parece que ambos pensamos lo mismo, a saber: que tanto la realidad actual como los posibles resultados de la nueva ley son, en la práctica, inviables, lo cual no impide que existan actitudes, creencias, esperanzas, esfuerzos, ganancias y pérdidas relativas (aunque reales), ni que nos esforcemos por analizarlas.

En cuanto al tema del «bien», me da la sensación de que la palabra *correcto* entraña cierta confusión (como es lógico, por otra parte): puede referirse a lo que es justo, incuestionable o moralmente intachable, y también a lo que es bueno o conveniente en un momento dado. Soy consciente de que resulta impreciso decir que todos los seres humanos son iguales en esencia, pero me gustaría creer que es cierto, es decir, que todos son humanos, que están vivos por un breve espacio de tiempo y que en ellos se da una infinita mezcla de elementos a menudo inextricables y de tendencias más o menos susceptibles de ser consideradas buenas o malas; que todos son esencialmente iguales en su mortalidad y que están en pie de igualdad en su potencial, positivo o negativo; que todos podrían fracasar por causas achacables a sí mismos o totalmente ajenas a ellos. Creo que ese supuesto constituye la base del pensamiento cristiano y la de cualquier entendimiento entre los hombres, sin importar si esa igualdad esencial no anula ninguna de las innumerables desigualdades de talento o temperamento, todas las cuales deben tenerse en cuenta. En este sentido, creo que todo lo que fomenta esa noción de una igualdad esencial está «bien» y todo lo que se opone a ella está «mal». Por la misma regla de tres, siento, o más bien creo, que cada persona tiene «derecho» a que se reconozca, abstracta y concretamente, que quienes frustran este derecho o se oponen a él se equivocan. En otras palabras, parece ser un «bien» tan fundamental que la pregunta sobre su naturaleza jurídica, moral o social «debería» ser irrelevante, y si existe y se abusa de ella y se pervierte es porque el «derecho» fundamental y elemental que implica casi nunca se reconoce como tal y se viola con frecuencia. Las violaciones de este derecho son tan comunes y tan extraordinariamente burdas que todos los esfuerzos encaminados a reparar la situación resultan, a su vez (y quizá inevitablemente), burdos también, al menos en cierto sentido. Al exacerbarse, los argumentos de ambas partes pierden todo o casi todo lo que tienen de bueno y veraz y, lo que es peor, se banalizan: tan lamentable es la furia maniaca del hombre obsesionado con sus «derechos» o los del prójimo (un negro igualitarista, pongamos por caso), como las reacciones igualmente maniacas de un patrón blanco sureño que siente que sus «derechos» están siendo amenazados. Ninguno de los dos, en tal estado, es capaz de ninguna clase de magnanimidad, ni racional ni espiritual, y la magnanimidad es la base de la idea de igualdad. De todas formas, no albergo la menor duda sobre cuál de las dos ideas es más magnánima, porque la otra, en su máxima expresión, se resuelve en la muy limitada idea de *noblesse oblige*. En esto sí que he llegado a una convicción profunda: las premisas de esta última postura son falsas, mientras que las de la igualdad fundamental son verdaderas. Dicho de otro modo, en este punto me convierto en un fanático y, como cualquier fanático, no concibo que ningún otro punto de vista pueda ser cierto.

Sin duda, se ha abusado y se abusará todavía más de los principios de igualdad, pero esto no debería sorprender a nadie: se trata de una batalla interminable; y el abuso de los privilegios que conlleva la igualdad me parece tan condenable como la frustración de la igualdad. Lo que sucede es que mi perspectiva pendula de manera natural: entre igualitaristas, mis objeciones se dirigen a su tendencia a la mera oposición. Aunque no entiendo ni la mitad de lo que debiera, tengo la impresión de que, respecto de este asunto de blancos y negros, entiendo más acerca de las actitudes de ambos bandos (con sus numerosas formas y grados) que ninguno de mis amigos o conocidos; por eso, y porque presagio un futuro espantoso, hay veces que siento el impulso, e incluso la obligación, de ejercer de mediador, de moderador y portavoz de ambos grupos durante la contienda; pero acabo siempre paralizado por mil razones: porque entiendo muy poco y lo sé, por mi apego aún mayor a la creación artística, por mi conciencia de la inevitabilidad química de las funciones y el destino de los mediadores y de su terrible y fatal inutilidad, por mi certidumbre de que toda conclusión es inane.

Me voy, padre: llego tarde a la cena. Estoy acabando *Black Boy* [Chico negro], de Richard Wright.[99] Si lo tiene a mano, se lo recomiendo de veras.

Un fuerte abrazo.   RUFUS

---

[99] El escritor estadounidense Richard Wright se hizo célebre por su reflexión literaria sobre los conflictos raciales de su país. *Black Boy* es un ensayo de 1945.

Querido padre:

[*Nueva York,*
19 de septiembre de 1945]

Muchas gracias por sus tres cartas. Lo siento, pero sólo tengo aquí la última y no podré responder a las otras dos como es debido. Gracias por avisarme de que Allen Tate va a venir a Nueva York.[100] Lo llamaré en cuanto tenga un respiro, seguramente a finales de semana. Lo haré con cierta vergüenza (aunque es un alivio oír que espera poder verme) porque hace ya varias semanas que debería haber respondido a su invitación de reseñar un libro sobre cine en la *Sewanee Review*. A juzgar por el número de este verano, que es el único que he leído, está haciendo un muy buen trabajo. Por cierto, el artículo de Donald Davidson sobre algunos aspectos del llamado «problema negro» me pareció interesantísimo, pero en algunos momentos hizo que se me erizaran los cabellos (en muchas de estas cuestiones usted y yo discreparíamos). Hay un punto en el que estoy completamente de acuerdo con él (e imagino que usted también): en que la legislación federal en favor de la población negra traerá más perjuicios que beneficios.

Me alegro de que se haya repuesto de la operación; deseo de todo corazón que se haya recuperado del todo y que no tenga grandes molestias (y me alegro de que regresara «a tiempo»). Me temo, por la discreción con la que alude al tema, que no se encuentra aún del todo bien. Si ése es el caso, sepa que aplaudo su entereza y su resignación, que encuentro encomiables, pero eso no impide que me apiade de usted y lo sienta mucho y le ruegue que se cuide y que no deje que ese estoicismo suyo le cause la menor molestia evitable o innecesaria. (Supongo que es capaz de engañarse a sí mismo y meterse en problemas, como le ha sucedido a Whittaker Chambers por razones similares, aunque mucho más intrincadas y

---

[100] Un conocido poeta.

142

neuróticas.[101] Ha sufrido, por cierto, una segunda serie de isquemias cardiacas y ha cambiado de trabajo para estar más relajado. Durante los próximos seis meses, y espero que de forma permanente, escribirá críticas literarias para *Time* desde su casa de campo y sólo irá a la ciudad una vez al mes.)

Yo también he cambiado a medias de trabajo. Se trata de un asunto temporal, una prueba de dos o tres meses: dejaré de escribir críticas de cine para *Time* (aunque seguiré en *The Nation*) y empezaré a «mariposear» por la redacción, es decir, a hacer trabajos como *freelance* en todas las secciones de la revista, escribiendo los artículos que más me convengan sobre temas heterogéneos. Mis dos grandes dudas sobre este cambio son: (1) podría causar el resentimiento y la inseguridad de los periodistas a los que les arrebataré esos artículos, lo cual no deja de ser problemático para mí, para ellos y para el director editorial, y puede acabar viciando el ambiente laboral; (2) será más duro que escribir crítica, con lo que se reducirán de forma drástica las horas que dedico a mis proyectos literarios. Si una o ambas suposiciones se verificaran, me han prometido que me restituirán mi antiguo trabajo, así que estoy disfrutando de lo lindo con el cambio y el experimento. Mi primer encargo ha reducido prácticamente a la nada mis horas de ocio,* y me interesa tanto o más que cualquier proyecto personal: un artículo generalista de no más de 1 500 palabras de extensión sobre este otoño en Europa, con especial énfasis en la llegada del invierno, las más que probables hambrunas masivas, el sufrimiento atroz e inevitable de la población,

* El artículo «Europe: Autumn Story» [Europa, historia otoñal], *Time*, 15 de octubre de 1945, p. 24 (sin firma).

[101] Al escritor y editor estadounidense Whittaker Chambers se le conoce por haber sido espía para la URSS y convertirse luego en un crítico implacable del sistema soviético, hasta el punto de haber denunciado a diferentes personas ante el Comité de Actividades Antiestadounidenses. Chambers había padecido problemas de corazón desde 1939 y sufrió varios ataques cardíacos.

la absoluta insuficiencia de las ayudas probables o ciertas de cualquier país y, sobre todo, del nuestro, que estaría en condiciones de enviar alimentos (y probablemente gasolina) más que suficientes para evitar los sufrimientos que se avecinan. Sobre la base actual, o cualquier otra base provisional (jurídica, etcétera), esa ayuda será imposible: sólo podría cimentarse en la compasión y la generosidad. Para la gente práctica o sencillamente mezquina, el fracaso de estos programas de ayuda tendrá a buen seguro sus consecuencias políticas: un odio endémico a nuestro país (sea justificado y racional o no) y un nuevo auge del totalitarismo. Estamos comenzando a redactar nuestra sentencia de muerte y una vez más demostramos nuestra absoluta incapacidad moral y de cualquier otra clase para sobrevivir a la bomba atómica. Naturalmente, nuestro pueblo, como tantos otros, sería incapaz de sobrevivir a algo así, pero llegado el caso creo que habría que tratar por todos los medios de morir en un estado más próximo a la gracia. Como ve, mi trabajo me entusiasma y de verdad espero que los resultados sean buenos, pero la investigación de fondo es complicadísima y aún no veo cómo reducir el texto a unos pocos centenares de palabras que sean lo bastante apegadas a los hechos y no obstante generales.

También me gustaría escribir sobre el desfile de la victoria que han organizado los chinos, y que se ha celebrado hoy, en mitad de un aguacero digno del caribe, para conmemorar el aniversario del Incidente del Puente de Marco Polo.[102] El desfile me lo he perdido: sólo me he enterado de los detalles por Mia, que lo ha visto entero, entre desconsolada y exaltada por el cariño que siente por ese pueblo en concreto. Los 15 000 chinos han desfilado por una avenida (la Quinta) casi vacía:

[102] Enfrentamiento entre las fuerzas del Japón Imperial y la República China que tuvo lugar el 7 de julio de 1937 a 15 kilómetros del centro de Pekín, en el puente de Marco Polo, y marcó el comienzo de la Segunda Guerra Sino-Japonesa.

ni siquiera se ha interrumpido el tráfico transversal para facilitar su marcha; las mujeres se cubrían con varias capas de impermeables, los hombres vestían uniformes y nada más, a pesar del chaparrón. En pocos minutos, dos enormes y hermosos dragones de papel estaban empapados y se han deshecho en pedazos. Todos han seguido caminando en perfecto orden pese a la lluvia y los semáforos, calculando los semáforos rojos de cada cruce con tal precisión que ninguna unidad tenía que detenerse a causa del tráfico. Los transeúntes se mostraban sumamente solidarios, flanqueando el desfile en filas de a dos o de a tres cuando la lluvia amainaba y disgregándose para buscar cobijo cuando se hacía torrencial, salvo por unos pocos partidarios acérrimos. Si hay un pueblo del que me siento enamorado es el chino, seguido de cerca (y a veces no superado) por los negros y los italianos. En lo que respecta a mis aversiones, no me enorgullezco en absoluto de admitir que a veces detesto a los estadounidenses, los irlandeses, los polacos y los alemanes, en ese orden más o menos.

Tengo que dejarlo, estoy extenuado. Les mando todo mi cariño, como siempre, a usted y a su señora.

JIM

El desfile que sí presencié fue el del general Wainwright:[103] desde la retaguardia, eso sí, y a 29 pisos de altura, pero incluso a esa distancia fue un grandísimo espectáculo. La ciudad entera se ha convertido en una fiesta con la llegada de miles de soldados de todos los rangos, y lleva así días o semanas. Es maravilloso. ¡No quiero ni pensar en lo que les espera a los que regresan y a sus familias!

[103] Comandante del ejército estadounidense en las Filipinas durante la Segunda Guerra Mundial. El desfile en su honor al que se refiere Agee tuvo lugar el 13 de septiembre de 1945.

[*Nueva York, 19 de noviembre de 1945*]
Día del farmacéutico (y que no necesitemos
su ayuda)

Querido padre:

Gracias por sus cartas, sobre todo por la última, escrita, deduzco, en un momento tremendamente efusivo. Yo también estoy muy efusivo (por idénticas razones), pero (por lo mismo) algo adormilado. Aun así, quería saludarlo y mandarles un abrazo. Aún tengo esperanzas de escribir algo durante lo que queda del otoño y el invierno, aunque esas esperanzas van menguando poco a poco. Lo único que tengo es el borrador de un relato sobre la bomba atómica que podría tener su interés si lo trabajo lo suficiente, pero llevo tres semanas sin retomarlo. He comenzado una novela corta sobre la adolescencia en los años veinte:* empecé bastante bien, pero hace diez días que no la toco y a estas alturas me parece un poco floja. Con tan poco tiempo libre para escribir y aún menos para cualquier cosa que guarde un leve parecido con la civilización, creo que no tengo más remedio que trabajar sólo sobre los mejores materiales posibles. Pero aferrarse a ellos resulta aún más difícil… para alguien con una voluntad tan débil. He comenzado un libro sobre la bomba atómica —y las consecuencias que un profano en la materia alcanza a vislumbrar— pero no he vuelto a tocarlo desde hace por lo menos seis semanas. Si no hago algo pronto para disciplinarme, y encuentro el modo de trabajar en mis cosas tres días por semana es posible que me vuelva loco, aunque quizá no: uno puede «amoldarse» a cualquier cosa menos a la licuefacción atómica, así que es muy probable que yo también acabe por amoldarme.

Suponiendo que me queden entre dos y veinticinco años de vida, ¿qué vale la pena hacer y qué vale la pena escribir? Qué hacer: si me encontrara bajo la trayectoria de una roca que se ha desprendido y la viera caer, el sentido común me

---

* *The Morning Watch* [*Vigilia*], Houghton Mifflin, 1951.

obligaría a apartarme, así que tengo que alejarme cuanto antes de las grandes ciudades y de sus alrededores. ¿Y luego qué? Cuando termine la próxima guerra cabrán sólo dos posibilidades: perecer o sobrevivir a una aniquilación casi absoluta (es decir, de todos los seres humanos en todas partes del mundo). Y tanto «vencedores» como vencidos vivirán bajo una nueva tiranía mundial porque, aunque la aniquilación fuera de magnitud planetaria, imagino que habría movimientos en favor de la tiranía: un único poder casi indestructible que seguramente terminaría imponiéndose, de modo que el bien y la conciencia que puedan existir ahora a ambos lados de la contienda serían igualmente derrotados. Ante esta situación, todo el mundo tendría la misma responsabilidad. ¿Cuál? Supongo que la primera responsabilidad y la primera esperanza de cada individuo será sobrevivir y conservar, en la medida de lo posible, la integridad de su conciencia. Pero ése es el auténtico problema: ¿qué es más importante, la supervivencia o la integridad? Porque la lucha será feroz, más que hoy si cabe… No conozco la respuesta, pero en cierto modo me parece lo único sobre lo que vale la pena escribir o pensar, cosa que en sí misma supone otro problema, porque la integridad no sólo implica conservar la vida, sino todas nuestras posibilidades, y en ese sentido tal vez estemos obligados a actuar como si la casa no estuviera en llamas y a obrar, en consecuencia, con la misma calma y liberalidad que en tiempos de paz (y, en la mente de cada individuo, éstos deberían ser tiempos de paz). Así que uno trata de pensar y vivir al día, interesándose y disfrutando de lo que le rodea, y al mismo tiempo de vivir trágicamente, como exigen las circunstancias. En lo que hace a conjurar la amenaza de una nueva guerra, no creo que merezca la pena intentarlo siquiera. Más bien deberíamos prepararnos para la posguerra, si es que eso es posible.

Y ahora tengo que irme. Todo mi cariño para usted y su señora.

RUFUS

[*Nueva York*]
27 de noviembre de [*19*] *45*
hacia las 2 de la mañana

Querido padre:

Sólo un par de líneas para agradecerle su carta y que se haya acordado de mi cumpleaños. Le escribo medio borracho y no creo que esto resulte muy legible (cada palabra es como dar un paso sobre el hielo con zapatos), así que simplemente mire cada parte ilegible como la sonrisa de la Mona Lisa —cuyo significado es facilísimo de interpretar: otro whisky, por favor—. Hace días que tengo premoniciones aún más fúnebres que las de años anteriores. Y ahora estoy completamente ebrio, muy arrepentido y un tanto avergonzado, como si me hubiera presentado de esta guisa en mi propio funeral. Tengo una intensísima sensación de muerte (Dios se apiade de mí) y sólo Dios puede saber lo que eso significa en realidad. Personalmente, espero que el deseo del Creador sea que yo me desarrolle al máximo y sepa usar los talentos que me dio tan bien como pueda, y que ni yo ni ninguno de mis seres queridos —ni nadie más, si puede evitarlo— muera en medio de sufrimientos innecesarios. Hay premoniciones que me da miedo escribir, pero voy a hacerlo: (1) moriré este año, cuando nadie se lo espere (igual que mi padre, que tenía mi edad al morir); (2) me matarán dentro de unos años, tras largas horas de tortura, personas de uno u otro bando, probablemente los estalinistas (eso es sentido común). Todo esto es pura palabrería de borrachín, claro, pero mis temores son los mismos cuando estoy sobrio. Daría lo que fuera por hablar con usted, sobre todo si eludiéramos el tema de mis aprensiones supersticiosas. Conociéndonos desde hace tantos años no solemos decirlo, ni tenemos necesidad de ello, como es lógico, pero de vez en cuando, como ahora, es una gran fortuna tener presente y poder decirle lo mucho que lo quiero, lo agradecido que me siento con usted y cuánto valoro su amistad. No he conocido nunca a nadie, ni creo que vaya a hacerlo, a quien se pueda aplicar de un modo tan cabal el maravilloso ensayo de Montaigne sobre la amistad, y me pregunto si él llego a conocer una amistad de esta clase. Por mi parte, tengo claro que jamás entablaré una relación más importante para mí que la que he tenido con usted durante casi toda mi vida. Ojalá pudiera expresar cuánto me honra su afecto, y decírselo tan claramente que ni siquiera en los momentos en que se sienta decepcionado de sí mismo tenga la menor duda de lo extraordinaria y llena de logros que me parece su vida.

Con todo mi cariño, como siempre,   JIM

Gracias por su segunda carta. De verdad que aprecio (en todos los sentidos de la palabra) sus deseos de que pase «un año razonablemente bueno».

[*Las únicas cartas de Jim que recibí a lo largo de 1946 fueron las que reproduzco a continuación, en verso. En realidad, la primera de ellas la escribió a finales de 1945, pero no llegó a enviarla: me la entregó en mano el verano siguiente, cuando nos encontramos en Nueva York. Incluyo además dos cartas mías, en cursiva. No lo hago con ningún ánimo de protagonismo, sino porque Jim hace referencia a ellas en alguna de sus cartas.*]

[*Sin fecha*]

Dear Father:
                    Monday evening, fairly late—
Too late for serious work, not late enough,
Quite yet, to lay the insomniac's nightly bait
For sleep, with cards, trash-reading, all such stuff

Querido padre: | Hoy es lunes, ya muy noche: | tarde para trabajar, pero no tanto | para cebar el anzuelo del insomne | con cartas, novelitas y otros señuelos

Beside which I, the crafty victim, wait
Hours, while sleep sniffs and snarls its mild rebuff—
I wonder whether I can manage better
To pass time than by writing a verse-letter.

I'll probably manage worse; but there's one stanza
Anyhow; and another on the way.
With help enough from lazy Sancho Panza,
Don Quixote may, somehow, get through the day.
Failing all else, that improvised cadenza
Lord Byron patented, wherewith to say
In bland disgression everything that came
Into his head, may sit in on the game.

For my main trouble, as I can foresee
Already, is, and will be, even more,
That though I'd like this verse attempt to be
Expressive both of prophets and the law
(Maine's accent rhymes it) why, I lack the key
Even to unlock wit's and poetry's door.

| con los que veo, taimada víctima, pasar las horas, | mientras
el sueño, desdeñoso, rezonga… | Tal vez sería mejor | matar
el tiempo con una carta en verso. || Sería peor, seguro, pero la
primera estrofa | ya está, y otra viene de camino. | Tal vez con
la ayuda del haragán de Sancho | pueda el Quijote llegar a ma-
ñana. | Como último recurso, podría entrar en juego | la ca-
dencia improvisada que patentó Lord Byron | para decir, en
insulsas digresiones, | lo que pasaba por su cabeza. || Porque
el problema fundamental, | es, y será cada vez más, como pre-
veo, | que aunque quisiera que este verso tentativo | fuera la
voz de la ley y los profetas, lo cierto | es que no tengo (lo que
rima) | la llave del ingenio y la poesía

Or briefly, though the impulse is OK,
I haven't, really, a damned thing to say.

The things most seriously on my mind—
Oh, war; free speech; my soul; atomic fission;
Whether the egg first saw the world behind
The chicken, or before; towards what perdition
Lapses all good and ill for humankind;
And other aspects moot to our condition—
Are much too hard to tackle at my best,
Far worse when all I'm trying to do is rest.

Then too, I've always felt that poetry,
Or even verse, if saying anything
(Not its essential business, but for me,
At present, easier anyhow than to sing),
Should say it tersely as the verb «to be»,
In language worthy of the kind of king
Kings seldom are, or ever were—to say
Nothing of most who take their place today.

| y, en fin, que aunque la idea fuera buena, confieso | que no tengo nada que decir, ni en prosa ni en verso. || Las cosas que más me atormentan: la guerra | la libertad de expresión, mi alma, la fisión | atómica; si fue el huevo primero, o la gallina; | la perdición que aguarda | a las obras de los hombres, malas o buenas, | y otros aspectos discutibles de nuestra condición... | serían difíciles de abordar en plenas facultades, | no digamos ya cuando tan sólo quiero descansar. || Aunque siempre he considerado que la poesía, | o incluso un verso, si algo ha de decir | (lo que no es su propósito esencial, pero ahora mismo | parece más sencillo que cantar), | ha de decirlo con la concisión del verbo *ser* | y en la lengua regia de esa clase de reyes | que los reyes no suelen ser, ni fueron jamás, | por no hablar de los usurpadores más recientes.

But there, you see, in spite of these convictions,
Already, now, with several stanzas done,
They are composed wholly of derelictions
From sense and duty; why, they aren't even fun.
But patience! If my personal prediction's
Halfway correct, your best bet is to shun
What follows, even more sharply than what's past;
For heavy seas begin to hide the mast.

Well—to our muttons; which are jumping fences
Well out of earshot, if not out of sight.
This week, as you remember well, commences
My thirty-seventh year. I'm neither tight
Nor quite exactly sober. My defenses
Shaky and breached, yet hold. Eternal night
Enlarges to engulf my little world.
Soon, soon, my bugle bleats; my flag is furled.

All autumn long, through the magnificent slope
Of all the smoky year towards dissolution,

|| Y ya ve cómo, a pesar de estas convicciones, | hay aquí varias estrofas terminadas | que se componen sólo de renuncias | al sentido y al deber, y ni siquiera tienen gracia. | Pero ¡paciencia! Si mis predicciones | no van muy erradas, mejor haría en saltarse | lo que sigue, aún más que lo dicho ya, | porque viene mar gruesa y hay olas de mástil. || Pero volvamos a nuestras ovejas, que saltan sus vallas | a lo lejos, tanto que no se las oye, si es que aún se las ve. | Esta semana comienza, como recordará, | mi año trigesimoséptimo. No ando del todo borracho, | ni sobrio, lo que se dice sobrio. Mis defensas | trémulas y horadadas, siguen en pie. La noche eterna | se dilata para envolver mi pequeño mundo, y pronto | muy pronto, sonará el clarín; arriada está la bandera. || El otoño entero, por la espléndida cuesta | de otro año borroso que rueda hacia su disolución,

Much more than Nature—man's fate, and man's hope—
Have, in that avalanche, been in full collusion
Caught, shaped, and colored, ever, on a scope
Grand as man's very being; a diminution
As huge to witness, and as full of grief,
As if each star were but a falling leaf.

[*1946*]

Thursday, September 8, Dear Father,
(That's the first line,) if you'd rather,
Next time I will write in prose,
In the meantime, anything goes.
Even if it doesn't scan
I will rhyme it if I can;
Though my pencilled emendations
Are guaranteed to try your patience,
I am bound to pull some boner
Working on a Smith-Corona ...

| mucho más que la Naturaleza —esperanza y destino— |
ha sido de consuno arrastrado, conformado y teñido | por la
avalancha, a una escala tan inmensa | como el mismo ser del
hombre; tan grande es la mengua, | tan dolorosa de presen-
ciar, como si no fuera | cada estrella más que otra hoja que cae.
|| [*Sin firma*]

Jueves 8 de septiembre, querido padre | (ése es el primer ver-
so): si así lo prefiere, | la próxima vez le escribiré en prosa, |
entretanto, vale todo, | y aunque no esté bien escandida | voy
a rimar esta carta por poco que pueda; | y pese a que estas co-
rrecciones a lápiz | pondrán seguro a prueba su paciencia, |
son mejores que las meteduras de pata | que tendría si la me-
canografiara.

Well, now what? So work begins.
Pedagogy barks its shins
Once more and yet again once more
(As Lord knows many time before)
On every gradus ad Parnassum;
Well we can't teach 'em, better pass 'em.
Let those eradicate who can
Man's inhumanity to man
Through teaching boys to kiss the Flag,
Keep their rooms tidy, kick a fag,
Follow the leader, mind the rules,
Blunt and ignore the only tools
That interest the half-mature
Enough to make some learning sure
If only people didn't refuse them
The right to feel the right to use them ...
That which Authority thinks good
Turns into just that much dead wood:
And so perhaps it's just as well
They outlaw Heaven and in-law Hell.

|| Bueno, ¿y ahora qué? Así comienza la labor. | La pedagogía
se da en las espinillas | una vez y otra vez y otra vez | (como
se ha dado siempre, por lo demás) | en cada *gradus ad Parnas-
sum*: | si no logramos que aprendan, al menos que aprueben.
| Y que aquellos que puedan erradicar | la crueldad del hom-
bre con el hombre | enseñando a los niños a besar una bande-
ra | lo tengan todo en orden, nos enseñen a obedecer, | a se-
guir al líder, a acatar las reglas, y achaten | e ignoren las únicas
herramientas | que interesan a los menos lerdos, que podrían
| garantizar que aprendan algo | por poco que la gente no les
niegue | el derecho a usarlas... | Lo que la autoridad conside-
ra adecuado | es tan sólo papel mojado; | y puede que a la pos-
tre sea para bien | prescribir el infierno y prohibir el paraíso:

That way, some fighting chance remains
For the boy with heart, and blood, and brains.

So much for that. Too much, in fact.
I'm rather weary of this act.
I really should abstain from rhyme
And so I will, until next time.
Much love to you and Mrs. Flye,
And pardon this abortive try—
comes of acting on a whim,
You see.
        Affectionately,
                JIM

Dear Jim:
        You may be quite amazed
To get this note so strangely phrased.

As for your acting on the whim,
Much better thus plunge in and swim
Bearing in rhyme a message sprightly

| así, aún le quedará la opción de luchar | al que tenga corazón, sangre y sesera. || Con eso basta. Y sobra, de hecho. | Empiezo a estar cansado de esta farsa. | La verdad es que debería abstenerme de rimar | y eso haré, hasta la próxima vez. | Un abrazo fuerte a usted y a la señora Flye, | y perdone esta malograda tentativa… | Cuando uno se consiente un capricho así | pasa lo que pasa. | Con cariño, || JIM

Querido Jim: | *Puede que te sobrecoja* | *recibir esta carta de tan extraña forma.* || *En cuanto a ese capricho tuyo,* | *más vale lanzarse de cabeza y nadar* | *llevando el vivaz mensaje en rima*

Like Caesar, holding parchment lightly
As through the waters of the bay
He cut an unexpected way,
Than dally with the impulse still,
Letting «Why should I?» wait upon «I will».
Epistolary versifying
May frequently prove well worth trying,
As carried on by lines that scan
We comment on the race of man,
Moralize, question, let our thought
Draw in its net and see what's caught.
So, tight or sober, if you're feeling
The writing mood upon you stealing,
To it immediately give heed;
Obey the impulse and proceed...

Another academic year
Begins, now that September's here.
Youth, lovely, sanguine or unsure,
Daring or timid, warped or pure,
Veering between its hopes and fears,

| como lo hiciera el César —asiendo el pergamino, | mientras por las aguas de la bahía | inauguraba un insólito camino— | que demorarse por la duda detenidos | dejando que el «¿por qué?» se imponga al «vamos». | La versificación epistolar | Es algo que vale la pena intentar | pues a remolque del verso bien escandido | se puede hablar de los hombres y del vino, | moralizar, cuestionar, dejar que la reflexión | tienda las jarcias para ver qué pesca. | Así que, borracho o sobrio, siempre | que sientas la comezón de escribir, | pon manos a la obra de inmediato; | y rinde tus armas al arrebato... || Un nuevo año escolar | está ahora en septiembre por comenzar. | La juventud, bella, confiada o insegura, | audaz o apocada, retorcida o pura, | sorteando miedos y esperanzas,

Success, frustration, joy and tears,
Comes to be worked upon in schools
And meets far fewer minds than rules;
Learns much to be unlearned with pain
As crushed Truth tries to rise again.
«Hail! We who are about to die
Salute you», still is childhood's cry.

Regards to Mia as to you.
'tis always good to see you, too.
You were most kind to have me there
With welcome when I'd climbed your stair
And hospitality's good cheer,
Whiskey and soda, wine, or beer.
Whether at home or in a bar
'twas good to meet and talk; there are
Few pleasures better than to drink
And talk with those who really think.
I'll hope for things of similar pattern
If next year I am in Manhattan.

| *éxitos y frustraciones, alegría y lágrimas,* | *llega a la escuela a formarse y no halla* | *tantas ideas como reglas vanas;* | *aprende mucho que tendrá que olvidar,* | *cuando vuelva a asomar la cabeza la Verdad.* | *«¡Ave! Los que van a morir te saludan», sigue siendo* | *el grito de los que están creciendo.* || *Recuerdos a Mia y un abrazo fuerte:* | *también para mí ha sido un placer volver a verte.* | *Fue un detalle recibirme en tu casa* | *darme la bienvenida al pie de la escalera* | *y regar tu buen humor y tu hospitalidad,* | *con whisky y soda, y vino y cerveza.* | *Ya fuera en tu casa o en un bar* | *estuve encantado de sentarme a charlar:* | *hay pocos placeres como el de beber* | *y departir con quien sabe pensar.* | *Ojalá sean más cosas las que se debatan* | *si el año que viene vuelvo por Manhattan.*

At this point, then, I'll say goodbye.
From
    Yours as ever,
          FATHER FLYE

(*I think that you will seldom see*
Such verse as this composed by me.)

Dear Father Flye:
          My gratitude.
Shy yet unshrinking, nice yet nude,
Transcends all bounds, except those set
(Broader than any fisher's net)
By pleasure and a new incentive—
Which, in so far as I'm inventive
I will, henceforth, try to pursue
Ad nauseam ad me ad you.
Yes, I'm amazed, yet it's not amazin';
Men's spirits rise to an occasion
As naturally as they slouch

|| *Y llegado este punto me despido, ¡ay!* || *Con cariño,* || EL PA-
DRE FLYE || (*rara vez poemas de este tipo* | *podrás leer de mí, te*
lo anticipo.)

Querido padre Flye: | mi gratitud, | tímida pero firme, cas-
ta y desnuda, | trasciende todos los límites, salvo los propios |
(más anchos que cualquier jarcia) | del placer y este nuevo in-
centivo, | por poco que hoy me asista | la inventiva, trataré de
proseguir | *ad nauseam ad* mí *ad* usted. | Me sobrecoge, aun-
que no debería: | el ingenio se eleva para la ocasión | con la
misma naturalidad que se encoge

158

If all the occasion says is «ouch».
If I can type you out some verse
You won't, by any chance, do worse.
And if you match me rhyme for rhyme
The chances are, of course, that I'm
Just damned if I'll reply in prose.
So much for that—and so it goes:
Much as we hate it, competition,
If friendly used, puts in condition
All sorts of latent faculties
(Better, I hope, than those or these
I sent, am sending, or shall send
Counting on you as a friend).
And even if it were not kind
Might stimulate both heart and mind.
Or, though I doubt Free Enterprise
Is good for us, or even wise,
I know that Freedom in the Mind
Is, actually, the only kind
Which designates us from the ants,

| cuando la ocasión es un lamentarse. | Si yo puedo escribir-
le algún que otro verso | usted lo hará igual o mejor, de eso
no hay duda. | Y si me da la réplica en cada rima | ni qué decir
tiene que por nada del mundo | voy a responderle en prosa. |
Dicho esto, así seguimos: | por mucho que nos repela la com-
petencia, | si es entre amigos, pone en evidencia | toda cla-
se de facultades latentes | (mejores, espero, que las que le en-
vié | y las que le envío y le enviaré | contando con usted como
amigo). | Y aunque no me salga muy bien | puede estimular el
alma y la cabeza. | Porque aunque yo dude que la libre empre-
sa | sea conveniente o incluso sensata, | sé que la libertad es-
piritual | es, de hecho, el único ritual | que nos distingue de
las hormigas,

Or deals a fair hand against chance.
All that I mean is that exchange
Of stimulus, on all the range
Of feeling, thought, experience, need
(As, humbly, herein, word and deed
Move co-abortive lockstep) gives
The guarantee that the soul lives.
Or, rather, that as you indite,
So, God help me, I will write:
No less (and God forbid, no better)
Transmit the spirit to the letter
Than you; and you no less than me,
And neither better nor less than we:
And as for we, why, let me say
Neither better nor worse than they.
And so, elliptically as bees
My rhymes approach the clinching wheeze:
If we can do this, who cannot?
Or has the whole world gone to pot?

| y reparte suerte pareja contra el azar. | Lo que quiero decir es que el intercambio | de estímulos, en todo el espectro | de sentimientos, ideas, experiencia y necesidad | (como aquí van humildemente el dicho y el hecho, | hombro con hombro, malográndose mutuamente) | garantiza la vida del alma. | Es decir, que como usted escribe, | escribiré también yo, Dios me ayude: | no seré menos que usted (ni mejor, Dios me libre) | al poner espíritu en la letra; ni usted será | menos que yo, y ninguno de los dos será | mejor ni peor que los dos, | y en lo que hace a los dos, ay, tampoco | seremos mejores ni peores que el resto. | Y así, elípticamente, como abejas, | mis rimas se acercan al resuello final: | si nosotros podemos, ¿quién no va a poder? | ¿O es que se ha echado el mundo a perder?

Frankly, I think it has, but here
(Although I grant you right to sneer)
I'm tempted to ease down to prose:
For all the feet and all the toes
Of scansion hardly can encompass
My sentiments without being pompous,
When I consider how the light
Is spent, which ought to burn pure white
In every man, and does so most
(Whether by grace of Holy Ghost
Or not)—is spent, I say, when once
That light is carried by some dunce
Duly elected or appointed
(Or his by seizure), and anointed,
Who dares to say he represents
The People's Will, in any sense.
The People's Will? If they had any
None could impersonate the Many.
Nor, if that will were truly done,
Could Many deputate Some One ...

| Francamente, creo que sí, pero aquí | (aunque le concedo el
derecho a la sorna) | estoy tentado de rebajarme a la prosa: |
porque en todos sus pies (y sus manos) | la escansión no po-
dría abarcar | mi sentir sin resultar pomposa, | cuando pienso
en cómo la luz se malogra | cuando habría de brillar blanca y
pura | en cada hombre, y así suele suceder | (por gracia del es-
píritu santo o no): | se malogra, digo, cada vez que esa luz |
obra en manos de algún idiota | designado o elegido confor-
me a la ley | (cuando no la ha incautado), y así ungido, | que osa
decir que representa | la voluntad del pueblo, de algún modo.
| ¿La voluntad del pueblo? Si alguna tuviera, | nadie podría
personificar la de todos. | Y aunque esa voluntad existiera de
hecho | no podrían tantos delegarla en uno solo...

Most that most people most desire
Is that the chestnuts in the fire
Be twitched out by somebody else
At minimum harm to their own pelts ...

Most human beings want no more
Than they can see from the front door:
And that, intelligently applied,
Is quite as far, and quite as wide
As anyone has any need
To see, if he will pay this heed:
The world is made of just such views,
Little, not making any news,
Concerned, purely as you or I,
With all the immediate reasons why
It's foolishness to trust each other,
Yet suicide to harm your brother.
Almost no one wants war, of course;
Almost no one dares not use force
In some kind, every day he lives;

|| Casi todo lo que casi todos deseamos | casi todo el tiempo
es que sea otro | el que nos saque las castañas del fuego | con el
menor perjuicio para el propio pellejo… || La mayor parte del
genero humano no pide más | que lo que ve desde la puerta de
su casa: | y eso, si se hace de forma inteligente, | es mirar con
amplitud y alcance suficiente, | de ver más allá no hay ningu-
na necesidad | si se presta atención a esta verdad: | El mundo
está hecho de perspectivas | exiguas que no sirven en primera
plana, | y se ocupan, al igual que usted y que yo, | de las razo-
nes inmediatas por las cuales | es locura confiar en nuestros
iguales, | y es suicidio agredir a nuestro hermano. | Casi nadie
desea la guerra, claro; | pero casi nadie se atreve a aparcar la
fuerza | de un modo u otro, en su día a día;

And almost no one freely gives
Anything that might cause him pain
Or even inconvenience. Gain
Hangs at our necks, squawking and wrangling
At best, and much more often, strangling:
Killing through all the flesh holds dear
All that within the soul is clear;
Halting, with force few can withstand
Each hobble toward the Promised Land ...

Clearly, I'll grant, by any means yet tried
Most men, or all, are of their souls denied.
As clearly, a sick man in this condition
Requires at least a shift in his position ...
It still is possible, I think
(Though caution causes me to shrink
From this part of the conversation)
To risk a major operation.
When everything is murder, sure,
There's nothing wrong with kill or cure.

| y casi nadie da nada de forma gratuita | si eso puede causarle
un daño | o incluso una molestia. Los beneficios | se nos cuel-
gan del pescuezo y especulan, | eso en el mejor de los casos, a
menudo nos estrangulan; | y acaban con lo que es precioso
para la carne | y lo que en el alma es cristalino; | frenando, con
fuerza desmedida | todo paso renqueante hacia la Tierra Pro-
metida... || Está bien claro que por más medios que se em-
pleen | a la mayoría, si no a todos, se nos niega la propia alma.
| Y es evidente que un hombre enfermo en esta tesitura | pre-
cisa al menos un cambio de postura... | Aún es posible, creo
yo | (aunque la prudencia me impulsa a rehuir | esta parte de la
conversación) | arriesgarse a una operación de dimensiones
globales. | Cuando el asesinato es la norma, no hay nada malo
| en decir que lo que no mata engorda.

So, looking through the shattered prism,
The one clew' light is Socialism.

Here I'm afraid my logic fails.
Couplets like these ought to be nails
Each one hit cleanly on the head
And with one stroke sent straight to bed:
And well used, that's a better way
To make an idea have its say
Than prose, or even talk supplies:
Only it freezes into lies,
Half-truths, elisions and red-herrings
If, like an apple's spiraled parings,
One's thought, like mine, gets to the ground
Only by going round and round ...

Democracy of vote alone
Is hardly livelier than bone.
Democracy that's economic
Alone, is not one bit less comic.
To own your life is hardly good

| Si se mira desde ese prisma hecho añicos, | la única luz distinta es la del socialismo. || Aquí me temo que mi lógica trastabilla, | los pareados así deberían ser clavos | clavados uno a uno en mitad de la frente | y mandados a la cama de un golpe certero: | bien usados, son un modo preferible | de expresar una idea que el de | la prosa, y hasta la conversación: | es sólo que se congela en mentiras, | medias verdades, elisiones y pistas falsas | cuando, como las mondas espirales de la manzana, | los pensamientos, como ahora los míos, van cayendo | sin parar de dar vueltas y más vueltas... || La democracia simple del voto | no tiene mucha más vida que un esqueleto. | La democracia de la economía | tampoco tiene gracia, a fe mía. | Poseer la propia vida no tiene sentido

Unless you own your livelihood:
To own your livelihood's as bad
If, in exchange, your life is had.
To cry of your right hand, «I'm free!»
While your left hand, as all can see,
Is mouthed and mangled in the cogs,
Is not a freedom fit for dogs.
To sing of your left hand, «I'm safe»
While your right hand, like a street waif
Hides withered in your deepest pocket
Yanks safety from the very socket,
The freeman never can be free
Whose need misuses him and me:
Nor can the man be free of need
Whose self-respect must die or bleed.

Dear Jim:
I like your words on competition
Of friendly sort, not for position

| a menos que uno posea su vitalidad: | y poseer esa vitalidad es igual de malo | si la vida de cada uno tiene otro dueño. | Gritar con la mano derecha: «¡Soy libre!» | mientras la izquierda, como todo el mundo ve, | se calla, sus engranajes destrozados, | no es libertad digna de un perro. | Gritar con la mano izquierda: «¡Estoy a salvo!» | mientras la derecha, como un vagabundo, | yace atrofiada en tu bolsillo hundida, | mina la seguridad en su misma raíz: | nunca será libre el hombre en libertad | cuando su interés va en contra de la comunidad: | ni puede el hombre de la pobreza librarse | si su autoestima ha de morir o desangrarse. || [*Sin firma*]

Querido Jim: | *Me agradan tus palabras sobre la competencia* | *entre amigos, sin buscar el predominio*

O'er someone else to win or score
But as incentive to do more
Than if such challenge did not jog
And lift our spirits from the bog
Of sluggishness and petty day's routine
In which creative work is seldom seen.
(A slip into pentameters like this
May make a little variant not amiss.)
So thank you for the outside stimulation
Needed to spur a person in my station
To «take his pen in hand,»[104] and though he falter
Genuflect shyly toward the Muse's altar.

«All is not well,» declared Saint Thomas More,
«Because all men are not good.» And before
Brash theorists lightly undertake to prove
Some social nostrum's certain to remove
(Or pretty nearly so) our inequalities
And put our total population all at ease,

| sobre nadie, sin buscar ni victorias ni laureles | sino como mero incentivo para hacer más | de lo que se haría sin un desafío que avivara | y elevara nuestro espíritu sobre el barro | del letargo y la vil rutina cotidiana | a la que rara vez asoma la labor creativa. | (Caer en metros como éstos | no es mala idea, como variante.) | Así que gracias por el estímulo | indispensable para azuzar a alguien de mi condición | a «tomar la pluma» y, con titubeos, | postrarse tímidamente ante el altar de las musas. || «No todo va bien», decía santo Tomás Moro, | «porque no todo el mundo es bueno». Y antes | de que algún teórico cometa la temeridad | de postular algún nostrum social que con seguridad | anule todas (o casi) las desigualdades | y tranquilice a toda nuestra población,

[104] Walt Whitman, *Leaves of Grass*, «What Think You I Take my Pen in Hand» [«¿Para qué creéis que tomo mi pluma?»].

They would do well to see that More's words state
A fundamental social postulate.
(Not that 'twas More's discovery. The Church
Full well aware of human nature's smirch
And seeing it in Adam first begin
Labels it tersely as Original Sin.
Chesterton says Utopians oft are dumb,
Assuming major difficulties overcome
And thereupon proceeding to dispute
About some minor ones not worth a hoot.
Assuming men as scrupulously fair—
That no one will want more than just his share—
About this share's delivery they discuss
If it will be by train or motor-bus.)
So I much doubt that Socialism would be
A remedy for the ills that we can see.
And if for some of these it were some cure
Its regimen would be galling to endure.
What economic system would
Work well were «all men are not good»

| bien haría en constatar que en la afirmación | de Moro hay un
postulado fundamental. | (Y no fue descubrimiento suyo. La Igle-
sia, | muy al tanto de esa tara de nuestra naturaleza | y viéndola
en los comienzos de Adán | la bautizó, lacónicamente, pecado ori-
ginal. | Chesterton dice que los utopistas pecan de ingenuos, | al
suponer superados los verdaderos problemas | y ponerse a elucu-
brar soluciones | para otros menores, que a nadie le importan. |
Suponiendo al hombre tan minuciosamente justo | que nadie po-
dría querer lo que no le corresponde, | se preguntan cómo hacer su
justa repartición, | si hay que hacerla en tren o mejor por avión.) |
Así que dudo mucho que sea el socialismo | un remedio para los
males que podemos ver. | Y si para algunos de ellos fuera en efecto
una cura, | soportar su régimen sería un suplicio. | Qué sistema
económico le vaya mejor | a ese «no todo el mundo es bueno»

I do not know (though some are better
Both in the spirit and the letter).
You take your choice of ills and gains:
No one all evil force restrains;
In any, some things are secured
That cause some ills to be endured.
Many a man should have had things that have missed him,
But much will go amiss in any system.
What Socialism would give I cannot say;
I know full well some things 'twould take away.
By its inherent nature it deprives
People of something precious in their lives:
The sense of freedom. They'd be regimented
And standardized. Would we be thus contented?
Some might like this, some not. I'd say at random
Simply De gustibus non est disputandum.

FATHER FLYE

| se me escapa (aunque los hay mejores que otros | en el espíritu
como en la letra). | Y hay que escoger uno, con sus virtudes y defec-
tos: || ninguno impide el desarrollo de la maldad; | todos ellos dan
ciertas garantías | que causan distintas cargas que soportar. | Mu-
chos son quienes deberían tener lo que se les ha escamoteado, | pero
mucho es lo que se malogra en cualquier sistema. | Lo que aporta-
ría el socialismo es algo que yo ignoro; | pero sí sé de muchas cosas
que nos quitaría. | Por su misma naturaleza priva a la gente | de
una parte preciosa de sus vidas: | la sensación de libertad. Nos re-
glamentaría | y estandarizaría. ¿Podría eso satisfacernos? | A al-
gunos puede que sí, a otros no. Al fin y al cabo, | sobre gustos no
hay disputas. || EL PADRE FLYE

Querido padre: *[Nueva York,*
28 de enero de 1947]

Había empezado a escribirle otra carta en verso en el poco rato que tengo libre, pero me he dado por vencido. Aun así, no quiero dejar de enviarle al menos una nota...

Me interesaron mucho los datos que me envió sobre el «equilibrio de la naturaleza». Lo que más me llama la atención es que la inteligencia y la compasión humanas, aunque resulten desestabilizadores y parezcan «antinaturales», forman parte de una naturaleza obligada a buscar su propio equilibrio mediante un mecanismo de prueba y error. La cuestión es si a veces lo más inteligente no sería oponerse a la inteligencia, y lo más compasivo negar la compasión. Me inclino a pensar que sí, pero cuando eso se hace de forma deliberada me parece tan profundamente *contra natura* como *contra Deum*. También existe cierto equilibrio en la temeridad, que en cierto sentido es afín a la fe; lo que intento decir es que, en ciertos contextos, la única manera de evitar la caída es echar a correr aún más rápido, como cuando uno corre cuesta abajo o baja las escaleras a zancadas. Esta mañana he visto una película que le gustaría: es francesa y se titula *La jaula de los ruiseñores*.[105] Transcurre en un pequeño y severo reformatorio, no muy distinto de cierta institución de la que hemos hablado alguna vez, en el que un nuevo maestro obra milagros con su buen corazón, su cabeza, su sentido del humor y su habilidad para despertar el interés de los niños por el canto coral... y es despedido por saltarse una de las reglas a fin de salvar a todos los niños del dormitorio de perecer en un incendio. Creo que a usted no le gustarían algunas de las cosas que hace el maestro en cuestión, aunque sean buenas a su manera, pero le gustaría la mayor parte, y los chicos están espléndidos. Y le encantaría el retrato de los demás profesores.

[105] *La Cage aux rossignols* de Jean Dréville (1944).

169

No olvido que debo buscar el cuestionario que me pide y enviárselo. El problema es que tendré que revolver un montón de papeles y cajones de escritorio, porque aún no he logrado concebir y mucho menos a instrumentar ningún sistema de archivo decente; no dejo de aplazar la tarea a la menor provocación, igual que hago con la visita al peluquero.

El tiempo aquí es casi primaveral; ando medio muerto de pereza. Ahora tengo que irme. Prometo escribirle en cuanto pueda. Un abrazo,

JIM

Querido padre:

[Nueva York]
Miércoles [2 de abril de 1947]
por la noche

Muchas gracias por sus cartas y las cosas que me envía. Hace mucho que quiero enviarle una carta; comencé una en la oficina hace dos semanas, pero no he vuelto a tocarla. Uno de los problemas de nuestras tentativas de versificación epistolar es que me he quedado con las ganas de escribirle otra vez en verso y decirle cosas que valgan la pena. Por desgracia, escribir esas cartas toma mucho más tiempo, así que he estado esperando a tenerlo porque no quería conformarme con una carta en prosa.

Creo recordar que el tema principal de mi respuesta era el socialismo. Coincido en casi todo lo que me decía y me citaba al respecto, salvo en sus conclusiones. Ahora mismo no puedo extenderme demasiado, pero le expongo someramente algunos de los problemas fundamentales desde mi punto de vista:

(1) La perdida de libertad es directamente proporcional al grado de socialización. En este punto no veo escapatoria, aunque creo que existe una gran diferencia entre los socialistas que lo reconocen como un problema insoluble y que trabajarían sin descanso por lograr el mayor equilibrio posible, otorgando siempre la misma importancia a la libertad que a la

seguridad, y aquellos que, por el contrario, no consideran que sea un problema, sino que desean y abrazan con entusiasmo esa pérdida de libertad, e insisten, por si eso no bastara, en que la única libertad verdadera reside en la seguridad.

(2) Dice usted —y aporta citas para corroborarlo— que la mera concepción del socialismo implica un reconocimiento del poder del mal, aunque insuficiente. Creo que eso vale para la mayoría de los socialistas y los liberales y, en realidad, para la mayoría de las personas, pero no creo que el error sea inevitable o intrínseco. Mi concepción del socialismo —la mía y la de muchos otros— no cae en un optimismo tan majadero: ni siquiera es optimista. En cualquier caso, reconozco el poder del mal, y como dudo mucho de que ningún individuo llegue a triunfar del todo sobre el mal, tendría que ser idiota para pensar que un grupo de individuos sí podría. Mi concepción del socialismo es la de un proceso en que la victoria absoluta es impensable: el objetivo por el que se trabaja es la derrota menos catastrófica y más honrosa posible. En estos términos acotados y desde la humildad, prefiero sin lugar a dudas la esperanza, la fe y el esfuerzo personal que la desesperanza y la resignación.

(3) Me consta que usted sabe que la democracia me inspira muchas dudas y reparos, pero por mucho que dude, la prefiero a cualquier otra posible organización social.

Lo que pasa es que en este momento no tengo tiempo ni siquiera para tratar de esbozar estas ideas. Sin embargo, uno de los puntos clave que me gustaría transmitir es que, desde un punto de vista moral —o de cualquier otra índole—, me parece preferible que las personas cometan sus propios errores a que vivan conforme a principios ajenos. Por supuesto que no hay gobierno sin fuerza y prerrogativas, pero entre los Elegidos yo sólo confiaría de verdad en aquellos que, a la hora de imponer su superioridad, lo hicieran con delicadeza y sin tomarse muy en serio, casi a regañadientes. Y ésas son características muy poco comunes entre los Elegidos. (Ni que decir tiene que aborrezco a los sentimentales que opinan que los individuos a los que elige el pueblo son los más adecuados precisamente por ello. Es mucho más probable que sean las personas equivocadas, sobre todo cuando hay tantos que creen que el pueblo, sólo por ser el pueblo, debe estar en lo cierto; pero al menos esta mezcolanza de personas adecuadas y equivocadas es una medida y una imagen más real que cualquier otra de la proporción de bien y de mal específica de cada pueblo en tanto organismo.)

Y aquí lo dejo, de momento. Les deseo a usted y su señora una feliz Pascua.

Un abrazo,   JIM

Querido padre: [*Nueva York,*
                                            2 de marzo de 1948]

Cuando pienso en cuánto he tardado en escribirle me sorprendo: no sabe cuánto lo siento. Pienso a menudo en usted y recuerdo que aún no le he escrito y me prometo escribirle en cuanto tenga un momento, pero ya ve. Si me pregunto por qué —sin afán de justificarme: por pura curiosidad— descubro que hay varias razones. Llevo muchos meses completamente absorto en un texto que estoy escribiendo y que ha acaparado de tal modo mi interés que no pienso en nada más ni hablo de otra cosa; por desgracia, no he podido avanzar mucho desde las vacaciones que me tomé el otoño pasado y mi frustración va en aumento. A esto se suma la angustia del trabajo —debo escribir sobre la marcha un montón de artículos laboriosos, además de la columna en *The Nation*— y mis relaciones personales, por no hablar de mi propia apatía e ineficacia y mi extraordinaria capacidad de perder el tiempo. Entre una cosa y otra, me he ido sumiendo en una depresión inusualmente profunda de la que apenas consigo escapar unas horas por semana. Esta abulia tan sólo me permite tra-

bajar, y eso ya requiere esfuerzos ímprobos y una voluntad fé-
rrea: simplemente conversar, y hacerlo de un modo coherente, me parece imposible. Ahora mismo estoy a medio camino entre la depresión y un razonable bienestar, así que voy a
aprovechar la ocasión para escribirle dos palabras, decirle que
soy consciente del tiempo que ha pasado desde mi última carta, explicarle a qué se debe, hasta donde alcanzo a entender,
desearle salud y mandarle todo mi cariño.

Creo que será mejor no hablar mucho sobre lo que estoy
escribiendo. Es una novela corta —aunque más larga de lo
que pensaba o creía conveniente— sobre mis primeros seis
años de vida, hasta el día del entierro de mi padre.* La última vez ya le leí lo poco que tenía escrito. En general, soy bastante optimista al respecto, y no creo que un poco de optimismo resulte contraproducente en este caso, aunque sea sólo el
envoltorio de una absoluta falta de confianza mezclada con
apatía, pánico y desesperación (prefiero no detenerme mucho en la descripción, porque podría volver a caer en el pozo
con suma facilidad…).

He comprobado que soy incapaz de gozar de mi tiempo libre sin miedo ni culpa, actitud que se halla en las antípodas
de la salud.

Están dando aquí una película francesa maravillosa que espero que pongan en los cines de allí en verano, para que pueda
verla. Se titula *Farrebique*,[106] el nombre de una granja del su-
roeste de Francia. No tiene un ápice de ficción y no intervie-
nen actores: es la crónica de un año entero en la vida de una
familia campesina y es una de las películas más logradas que
conozco en su género (la poesía pastoril). Quizá no posea la
maestría y la belleza absolutas de las *Geórgicas*, pero resiste
bastante bien la comparación.

* A la larga este proyecto se convertiría en *A Death in the Family*
[*Una muerte en la familia*], McDowell, Obolensky, 1957.
[106] Un documental de Georges Rouquier (1946).

Dos de mis héroes, muy distintos entre sí, han muerto hace poco: Gandhi y Serguéi Eisenstein. Gandhi me parece una de las razones últimas por la que ésta no será tan sólo la horrible edad oscura que sin duda es en parte, sino también una época de grandes logros... y de esperanzas razonables para Europa. Eisenstein, por su parte, es la viva imagen del hombre prometeico de nuestros tiempos. En fin, no puedo escribir ahora sobre ellos.

Para colmo, acabo de recordar con espanto que el miércoles por la mañana debo entregar en *The Nation* el mejor artículo sobre Eisenstein que sea capaz de escribir.* En fin, tengo que dejarlo y poner manos a la obra.

Dios lo bendiga.

Pero dígame, por favor: ¿le ofende de algún modo que yo, que ni siquiera sé si creo en Dios la mayor parte el tiempo, use esa expresión? Sé que no tengo derecho, pero creo que es permisible cuando se dice de forma espontánea.

¿Podría hablarme de ello y, si encuentra el modo, «aconsejarme» al respecto? A veces me preocupa lo poco que hago para aclarar si tengo fe o no, pero a todas luces esa preocupación no basta para que me ponga a pensarlo de una vez por todas.**

* Véase *Agee on Film*, vol. i, p. 299.

** Puesto que es Jim quien plantea la cuestión, me tomo la libertad de citar un fragmento de mi respuesta, fechada el 4 de abril: «Me preguntas si me parece incongruente que uses una expresión como "Dios lo bendiga". En absoluto: eres religioso por naturaleza. Hay personas que llevan grabadas en su alma la reverencia y la ternura, dos cualidades básicas de la religión, y tú eres una de ellas. Me viene a la mente una cita que ahora mismo no recuerdo de quién es, y que dice algo así como: "De buen principio hay que amar lo mejor" [Tennyson, *Ginebra*]. No creo que se pueda generalizar de esta manera, desde luego. Los hay que se aburren con todo lo que sea puro, dulce, hermoso, tierno o reverente y, entre lo mejor y lo peor, se inclinarán siempre por lo peor. Los hubo que rechazaron a Cristo y se rieron de Él y lo escarnecieron cuando estaba en la cruz. Yo sé que tú eres de los que aman lo mejor de buen principio: un *anima naturaliter*

Espero de todo corazón que la señora Flye se encuentre mejor. Quería escribirle a ella también y me apena no haber podido. Dele por favor recuerdos de mi parte. Con todo mi cariño,

RUFUS

Querido padre:
[Nueva York] Jueves
[10 de abril de 1948] por la noche

Muchas gracias por su carta. Sí, la experiencia me dio, en cierto sentido, «mucho en qué pensar».* Y aun así, me habría gustado tener más tiempo para pensar en ello. Lo impidieron las visitas, que fueron muchas, y una especie de inercia que me impulsaba continuamente a leer y, más adelante, a escribir (sobre temas muy distintos). Lo más sorprendente de todo fue que me hizo anticipar la muerte, lo que no deja de ser ambiguo, porque en ningún momento pensé que fuera muy probable morir en ese trance: tratándose de una operación tan común y tan sencilla, hay más probabilidades de morir saliendo a pasear por Nueva York en hora punta. Con todo, es algo bastante drástico que te duerman y te abran en canal por primera vez (hasta la fecha, sólo me habían puesto anestesia general para operaciones de poca monta, como la circuncisión, las vegetaciones, las amígdalas o una infección en la mano). La víspera de la operación, en el hospital, me puse muy solemne. Resulta curioso observar lo que hice y lo que no en esas circunstancias. Primero que nada le escribí una larguísima carta a Mia con mensajes para otros amigos (entre los

---

Christiana, como se decía antiguamente. A la hora de escoger entre Cristo y quienes están contra Él, sé perfectamente de qué bando estarás. Y creo que algún día tendrás más clara la manera de manifestar abiertamente esa lealtad».

* Una apendicectomía.

que estaba usted, por supuesto). Puse mucho cuidado en dejarla donde ella la habría encontrado si yo no salía con vida. Mientras la escribía, me sentía a la vez alarmado e incrédulo ante la posibilidad de que esa fuera la víspera de mi muerte, pero para cuando le puse el punto final ya estaba convencido de que no existía la menor posibilidad de que eso sucediera. En algún momento había pensado en llamar a un sacerdote antes de la operación, pero al terminar la carta ya no podía tomarme en serio la posibilidad de morir en el quirófano. Luego, sin preocuparme más por mi salud, me quedé mirando por la ventana, que daba a Lexington Avenue, hasta que me dormí. No se me ocurrió rezar antes de acostarme. Por la mañana me sentí tan recuperado que pensé que aquella infección que me había atacado de pronto había remitido. Como era una época del año de lo más inoportuna para someterse a una operación, esperé impaciente al doctor para preguntarle si era posible aplazarla, pero se marchó a toda prisa y ni siquiera me dio tiempo a exponer mis argumentos. Entonces vino una enfermera y me puso una inyección. Pensé que sería la inyección «tranquilizante» que, por lo que he oído, se les suele poner a los pacientes antes de llevarlos al quirófano, así que no tuve objeción: tendría la última oportunidad de hablar con el doctor en el mismo quirófano. Entonces me explicaron que estaba hasta las cejas de morfina y, como es lógico, no me tomaron en serio. Lo cierto es que mi capacidad de argumentación estaba bastante perjudicada y, además, lo razonable es que me extirparan el apéndice. Sea como sea, me contrarió que no me hubieran hecho ningún caso. Me rendí, pero durante todo el tiempo que pasé inconsciente me despaché a gusto y les largué todos mis complejos sobre el aura pseudosagrada y todopoderosa de los médicos y los científicos. En fin, que estaba demasiado absorto en mis parrafadas como para pensar en rezar.

Si algo tengo claro, pues, es que no tenía miedo de la muerte ni sentimiento religioso alguno. Me gustaría saber si los hubiera tenido, y en qué grado, de haber pensado en serio que podía morir… o si no me hubiera desentendido del miedo y de la religión como suelo hacer siempre: zambulléndome en el tema que más me interesa, es decir, mi relación con el resto de los seres humanos.

Por cierto que no me durmieron con éter, sino con un anestésico intravenoso (en la sangría del brazo): no tuve náuseas ni sueños, sólo se me soltó la lengua. Luego me quedé traspuesto durante un par de horas; fue muy agradable.

La herida no me duele mucho: las molestias me las causan sobre todo los gases, la tos y la risa. Los primeros días me reía por cualquier cosa. Débil, adormilado y sin la energía necesaria para pensar, etcétera, recobré de hecho buena parte de mi alegría de hace veinte años. Ojalá pudiera volver a ese estado a voluntad: voy a tratar de informarme sobre el tema. Echo de menos esa molicie maravillosa.

Me alegro mucho de que vaya a venir a pasar aquí el verano. Yo también estaré aquí: hasta el mes de agosto, como mínimo, y puede que un poco más. Tengo muchísimas ganas de verlo… Le agradezco mucho lo que me dijo sobre mis sentimientos religiosos. Tampoco a mí me cabe ninguna duda sobre el bando en el que estaré «a la hora de escoger entre Cristo y quienes están contra Él». Me *gustaría* hablar (o escribir) acerca de esta frase suya: «Y creo que algún día tendrás más clara la manera de manifestar abiertamente esa lealtad». Desde una perspectiva laica, me siento bastante abierto, pero creo que usted va más allá. ¿Me lo explicará mejor? (Ojalá dispusiera de un magnetófono: son máquinas estupendas.)

Le mando como siempre todo mi cariño, amigo mío, el más antiguo de todos y el mejor que he tenido nunca…

JIM

[*Nueva York*] *Miércoles*
[*26 de enero de 1949*]
por la noche

Querido padre:

He pensado mucho en usted pero, como suele suceder, no le he escrito. Aquí va, al menos, una notita.

Mi madre me ha escrito que el padre Wright ya no ve a nadie más que a usted y al padre Spencer, cuando éste lo visita.* Me alegro de que vaya usted a verlo: para ellos es muy importante, y llegado el momento seguirá siéndolo para mi madre... Usted y la señora Flye han sido sus amigos desde hace mucho tiempo, ellos los quieren mucho y creo que en estos momentos aprecian su compañía más que ninguna otra.

Está claro que se acerca el fin, o eso espero. Ojalá este suplicio hubiera terminado ya. Y ojalá pudiera estar yo ahí también, por poca ayuda que pudiera ofrecer. No podré ir hasta que acabe este encargo de *Life,* y voy a paso de tortuga.** Me siento tan triste que prefiero no hablar de ello.

En esta clase de cosas no soy capaz de ver ni la providencia de Dios ni su inescrutable misericordia. Intuyo que no es tan vulgar como para ser Él quien disponga que un camión se detenga milagrosamente antes del precipicio y otro atropelle a un niño. Creo que lo uno y lo otro son cosas que pasan, simplemente, y que ambas se pliegan humildemente al azar (y a la concatenación de las causas, que es posible recrear) y no a Dios. Supongo que Dios ha abandonado al universo a su suerte (al menos hasta cierto punto) del mismo modo que lo hace con los hombres... hasta cierto punto. (Sería un amante muy pobre en recursos si sólo lograra sus fines por medio de afrodisíacos o de azotes.) No dudo de su omnipotencia, pero sí que la emplee en trucos baratos como el de bendecir a

---

* El padre Wright era el padrastro de Jim. Padecía un cáncer terminal.
** «Comedy's Greatest Era» [La gran época de la comedia], *Life,* 3 de septiembre de 1949. Artículo reimpreso en *Agee on Film,* vol. 1, p. 2.

un anciano con un cáncer y a un hombre medianamente joven con la facultad de hipnotizar a la raza aria. Imagino que una de las facetas de esa omnipotencia es la posibilidad de crear leyes para sí mismo y atenerse a ellas. Dicho de otro modo: Dios no es un anarquista sentimental que se cambia al póquer cuando le toca una mala mano de gin rummy. Dios sabe, ve y se preocupa de lo que está pasando, y los vínculos que lo unen a todo lo que existe son sin duda poderosos e insondables, pero Dios no interfiere en las leyes de la naturaleza (a las que, como legislador, dotó de autonomía) ni en las leyes humanas de creación y autodestrucción. En este sentido, creo que la fe en Dios de Mia es mucho más profunda que la que yo puedo tener. Para ella, o Dios es el responsable de todo o no existe. A mi modo de ver, o es capaz de dotar de autonomía a toda su creación y a sus criaturas, y observa y aguarda los resultados compasiva y confiadamente, o es un Dios de segunda fila, una especie de copiloto celestial recalcitrante que importuna al conductor con sus indicaciones. En este sentido lato, ella tiene alma de católica y yo de protestante, ¿no es cierto? No es una pregunta retórica: se lo pregunto porque no lo sé.

Y he aquí otra pregunta: ¿cree usted que habrá alguien que, sin ayuda de otros, haya llegado a conocer sus propios vicios o debilidades? Yo no me veo capaz. Hasta ahora creía que mi punto débil era la voluntad, pero Mia es mucho más certera cuando apunta a la autocompasión, que es sin duda una gran flaqueza de la voluntad. Yo ya sabía que era proclive a la autocompasión —incluso soy partidario, en dosis moderadas—, pero no sabía hasta qué punto llego a regodearme en ella, y aún no tengo una idea cabal.

Lo que escribo resulta ilegible, creo que será mejor que me acueste.

Un abrazo para usted y otro para la señora Flye,   JIM

[*Nueva York*] *Miércoles*
[*4 de mayo de 1949*]
Por la noche

Querido padre:

Hace mucho que no le escribo. Entre el trabajo atrasado y mi depresión intermitente, sencillamente me ha faltado el ánimo o lo que sea que haga falta para escribir, aunque pienso a menudo en usted y no me faltan ganas de charlar o de escribirle. No creo que tenga mucho que decir, pero parece que la depresión va remitiendo y creo que podré sentarme a escribirle algo tal como vaya saliendo.

Los artículos de *Life* avanzan con suma lentitud y dificultad... aunque creo que la peor parte ya ha pasado y puede que ahora sea tan sólo cuestión de semanas.

Entretanto, son pocas las cosas de interés que he podido hacer o leer. Ahora que lo pienso, sí que he leído siete u ocho obras de teatro de Ibsen que no conocía, pero han sido las únicas lecturas dignas de mención, que yo recuerde. Hace poco leí el libro de Michaux sobre la «búsqueda»,* que imagino que ya habrá leído. Me gustan las frases breves y las secciones satíricas, algunas de sus observaciones y esa subjetividad serena (el hecho de que tan pronto resulte obstinado y perverso como «objetivo» y justo, o que trate de «venderte» alguna idea), aunque en general me ha dejado un poco frío y a veces un tanto molesto. Demasiados pasajes me resultan ordinarios, faltos de interés, poco convincentes...

Hasta donde puedo recordar, éstos han sido los ocho peores meses de mi vida. Ha habido fases en que mi depresión y apatía habituales daban paso a la melancolía galopante. Mi confianza y mis esperanzas están por los suelos, cuando no son del todo inexistentes. Aunque, en general, creo que sólo tengo que esperar hasta que haya pasado el mal trago —y un

* Henri Michaux, *A Barbarian in Asia* [*Un bárbaro en Asia*], New Directions, 1945.

trago probablemente más amargo cuando tenga total libertad para acometer el trabajo por el que habré dejado el que me proporcionaba un sueldo— y que, si consigo aguantar, voy a salir de ésta. Pero me entra miedo con sólo hablar de ello, así que mejor cambio de tema.

Tal y como están las cosas, puede que comience a tener algo más de tiempo libre el mes que viene. De ser así, estaré sobre todo en el campo. (Mia, que el año pasado se quedó sin vacaciones por mi culpa, tendrá este año julio y agosto libres, y a menos que suceda una catástrofe pasaremos los dos meses allí.) Es una pena, porque me encantaría coincidir con usted en Nueva York durante su estancia aquí, pero estoy bastante seguro de que no trabajaría tan a gusto, y ahora mismo escribir tan bien y tan rápido como pueda es un asunto casi de vida o muerte.

Mejor que lo deje aquí y vaya a acostarme. Les mando, como siempre, todo mi cariño a usted y a su señora.

JIM

Querido padre Flye:

[*Nueva York*]
1.º de diciembre [*de 1949*]

Llegaron los libros: le estoy muy agradecido. Ya he avanzado bastante con el de Ruskin:[107] me está gustando mucho y lo encuentro muy afín a usted en sentimientos y creencias. Me impresionó mucho la foto del anciano Ruskin y la extraordinaria tristeza de su mirada, sólo superada por la que inspiran las notas al final del libro: es evidente que el editor admiraba

---

[107] El prominente crítico de arte y reformador social John Ruskin, mentor de los pintores prerrafaelistas e inspirador de una comunidad utópica, el Gremio de San Jorge, que postulaba la hermandad de los hombres, la eliminación de las máquinas y la vuelta de la artesanía.

verdaderamente a Ruskin y deseaba contagiar a los lectores, sobre todo si eran estudiantes, una parte de su propio entusiasmo. Como para confirmar una vez más lo horrores de la educación...

He estado tan ocupado que no me he pasado por el juicio,* ni creo que vaya; lo sigo por la prensa y por los informes de James Ball en *Time*, de los que no tardaré en enviarle una primera tanda. De momento parece que las cosas van bastante bien.

Me duele tanto la mano que voy a tener que parar (nada grave: un airado puñetazo sobre una mesa después de oír una imbecilidad pseudocientífica sobre la que seguramente le hablaré otro día; no hay fractura ni huesos lastimados)...

Le agradezco de todo corazón su carta de cumpleaños. Para mí fue un día de profunda melancolía: cuarenta, nada menos. Supongo que a los cincuenta uno es un poco más capaz de aceptarlo: a esas alturas debe de ser completamente inviable seguir engañándose con respecto a la propia juventud o a la eternidad de la vida. Ahora que el día en sí ha terminado, la verdad es que no me importa: lo único que sé es que, para mí, *Time* es una pérdida de ídem.

Les mando un fuerte abrazo a usted y a su señora.

JIM

Querido padre: [*Nueva York*] *Martes 23 de mayo* [*de 1950*]

No consigo recordar si le dije que estábamos esperando un hijo: fue una niña y nació el lunes 15 de mayo por la noche. Tanto ella como Mia se encuentran de maravilla. Aún no hemos

* El juicio de Alger Hiss, en el que Whittaker Chambers, antiguo colega de Jim en *Time*, declaraba como testigo.

logrado decidirnos por un nombre.[108] Ayer mismo volvieron del hospital...

El invierno y la primavera no han sido demasiado buenos. En otoño avancé mucho, pero la mayor parte del invierno y la primavera los he dedicado a un artículo de *Life* que entregué hace poco.* Después pasé una semana trabajando en el relato sobre el Jueves Santo,** del que ya tengo un primer borrador. La semana pasada el trabajo era secundario, claro, porque lo esencial era ayudar a Mia en todo lo que pudiera y cuidar de la casa, pero desde hoy y hasta que comiencen las vacaciones espero sinceramente ponerme a trabajar y acabar el relato, de modo que haya alguna esperanza de terminar el libro en verano.[109] Por cierto, hace tiempo que quiero pedirle su ayuda con algunos detalles del relato y del libro: ¿a qué hora, más o menos, despunta el alba en St. Andrew's a principios de abril (digamos el 1.º) y hacia el 12 de abril? ¿A qué hora comienza el crepúsculo, a qué hora se pone el sol y a qué hora es noche cerrada el 18 de mayo? ¿A qué hora es de día en St. Andrew's el 1.º y el 12 de abril? ¿Y a qué hora despunta el alba el 18 de mayo? Me basta con una aproximación.

A menos que tenga los datos a mano, no se moleste en escribir para decírmelos: nos veremos pronto. Pero si los tiene me iría bien saberlo cuanto antes: necesito precisar un par de detalles de horario en ambas historias antes de pasarlas a máquina.

Espero que su señora siga bien. Dele muchos recuerdos de mi parte. Les mando todo mi cariño, como siempre,

JIM

Perdone por esta carta idiota: últimamente ando idiotizado.

---

* «Undirectable Director» [El director ingobernable], *Life*, 18 de septiembre de 1950. Reimpreso en *Agee on Film*, vol. 1, p. 320.

** *The Morning Watch.*

[108] Finalmente la llamaron Teresa.

[109] *Una muerte en la familia.*

Querido padre:

[*Hillsdale, Nueva York*]
20 de septiembre [*de 1950*]

Comienza el otoño. Siempre ha sido la época del año que más me gusta. Suponía que podría quedarme solo aquí en Hillsdale y trabajar hasta que llegara el frío, pero parece que acabaré yendo a California. Es muy posible que quieran que trabaje en el guión,* con lo que tendré que ir para allá, me necesiten o no. John Huston me ha invitado a hacer un viaje con él cuando acabe su película, en tres semanas o así, y me gustaría llegar antes para verlo en acción. En cierto modo, todo ha cuadrado a las mil maravillas. Estoy agotado de escribir y aún más, si cabe, después de pasar a máquina el guión: creo que me iría muy bien tomarme un respiro antes de volver a escribir. Así que lo único que me apena y que voy a echar de menos es el placer y la suerte de estar aquí, la mayor parte del tiempo solo, durante los meses más bonitos del año. Sin importar si voy o no a California, espero que podamos vernos. Estoy casi seguro de que me las arreglaré para pasar una temporada en Texas y visitar a Irvine Upham,[110] pero igualmente me apetece muchísimo: ¡nos vimos tan poco usted y yo este verano!

La idea que tenía de lo que significaría vivir aquí ha cambiado completamente: me doy cuenta por la pena que me da irme de aquí aunque sea un día o dos; comenzar a preparar la partida para una temporada tan larga me causa una profunda tristeza teñida de nostalgia anticipada. Ahora mismo releía una vieja carta suya, del otoño pasado, y me llamó la atención el sello, que conmemora el último campamento de la

* *The African Queen* [*La reina de África*]. Véase *Agee on Film*, vol. 2, p. 151.
[110] Un conocido de Agee en Texas. Aparece en *Elogiemos ahora a hombres famosos* (en una lista que incluye a Céline y Freud) como un «agitador no remunerado».

GAR.[III] No tengo nada que decir al respecto, pero me ha conmovido «históricamente» más que ninguna otra cosa que recuerde. Supongo que para el primer centenario ya no quedará con vida ninguno de sus miembros, a menos que haya alguno de una longevidad tan inconcebible que casi habría que postrarse ante él en caso de conocerlo. Dios los bendiga a todos, sin importar de qué bando. La Guerra de Secesión es la única en la que puedo pensar sin que me den náuseas.

Estas últimas semanas de trabajo me han dejado tan extenuado que no me queda ni un átomo de materia gris. No leo nada —salvo la basura que suelo hojear por la madrugada—, no escucho música, veo pocas películas —y ninguna digna de mención—. Ayer, Mia tuvo que llevar a Teresa a la ciudad porque esta mañana comenzaba la «escuela». Ella es otro de los motivos por los que siento que el año, y toda mi vida, está sufriendo un tremendo vuelco. Ha sido una niña adorable y feliz hasta la fecha, y por tonto que le suene me ha encantado tenerla siempre cerca, bajo mi protección. Sé que eso no va a cambiar en absoluto a partir de ahora, y que la nueva realidad acabará siendo la misma amalgama de cosas buenas, malas e imperceptibles, pero sólo puedo pensar: «Que Dios se apiade de ella». Comienzo a hacerme una idea de lo desgarrador que es ver crecer a un hijo hasta en el mejor de los casos.

Partisan Review ha hecho un panfleto del «simposio» aquel sobre la religión.* Me han mandado dos ejemplares; si quiere puedo enviarle uno, aunque dudo que le interese. Está claro que oscilo —como supongo que lo hace la mayoría de las personas, en ciclos desiguales e impredecibles— entre un

---

* *Religion and the Intellectuals* [Los intelectuales y la religión], Partisan Review Series n.º 3, 1950. Se había publicado originalmente en el número de *Partisan Review* de febrero de 1950.

[III] Grand Army of the Republic: fraternidad de veteranos de la Guerra de Secesión fundada en 1866; se disolvió en 1956, cuando falleció el último de sus miembros.

sentimiento de relativo desinterés por la religión y el de una gran religiosidad, aunque no estoy seguro de que *religiosidad* sea la palabra adecuada. En todo caso, me refiero a una sensación de suma apertura, conciencia y preocupación por temas que suelen vincularse a la religión o a las formas más serias de poesía o música, o simplemente a cuestiones existenciales; digamos que de tanto en tanto habito en un plano existencial más pleno y emocionalmente más rico si se lo compara con el del extremo opuesto del ciclo. Hay veces, o momentos, en que creo que la única vía que podría satisfacer la necesidad que siento sería volver a la religión propiamente dicha (probablemente a aquella en la que me educaron); mientras que otras veces tengo la seguridad de que jamás volveré a practicar ninguna religión. Pero en todo momento estoy convencido de que hay en mí un espíritu religioso informe, sea el que sea, que va creciendo y haciéndose más y más profundo; incluso las fases de distanciamiento distan de ese espíritu cada vez menos y, de algún modo, guardan cierta relación con él. Me encantaría tenerlo más cerca y poder hablar de ello, aunque dudo que tuviera mucho más que decirle; y, aunque me gusta hablar del asunto (sólo con usted y con Mia, eso sí), creo que en más de un sentido sería mejor no hacerlo, por las mismas razones por las que uno es incapaz de hablar mucho sobre el amor cuando está enamorado. Se trata de una cuestión muy íntima y así debe ser: probablemente se exprese mejor de forma indirecta —si existe alguna— o bien directa, pero formalmente muy elaborada (y me refiero, por ejemplo, a buena parte de la música de Beethoven)…

Todo esto lo escribí anoche y ya estamos a jueves. Voy a dejarlo aquí y a darle buen uso a toda la cinta protectora que he comprado para pintar los bordes de las puertas, mosquiteras y ventanas antes de que llegue el invierno. Espero que la señora Flye siga gozando de buena salud; dele muchos recuerdos, como siempre. Un fuerte abrazo para usted.

JIM

[*Los Ángeles, California*]
Martes, principios de diciembre de [*19*]*50,
por la noche*

Querido padre:

Muchísimas gracias por su carta: me hizo todavía más ilusión que de costumbre porque estaba solo aquí, en mi cumpleaños, y llevo muy mal los cumpleaños: con sólo pensar en mi vida me entra una enorme melancolía y una sensación de soledad, así que los cumpleaños son una especie de Día de la Expiación, un Yom Kippur personal. Saber de alguien a quien tanto aprecio y que me aprecia es lo mejor que podía sucederme...

Me quedaré aquí hasta mediados o finales de enero trabajando en un guión con John Huston: *La reina de África*, basado en la novela de C. S. Forester. Si no hay contratiempos podría ser una película fabulosa y si se tuerce, de lo peor de la cartelera. Creo que acabará siendo buena, puede que muy buena, pero no maravillosa ni pésima. En todo caso estoy disfrutando el trabajo: hemos abordado el guión como una comedia de enredos con un trasfondo de procacidad, tratando de hilvanar toda clase de cosas extraordinarias: poesía, misticismo, realismo, romance, tragedia...

Desde que llegué no he leído un solo libro ni he escuchado nada de música que merezca la pena. No he visto una sola película y apenas he ido a una obra de teatro. Tampoco lo echo de menos: estoy conociendo a muchas personas encantadoras. Comparadas con las del mundillo literario e intelectual que siempre trato de evitar en Nueva York (y que conforman, erróneamente, la imagen que tengo de la ciudad) éstas son muy cariñosas, extrovertidas, amables, felices y sencillas: la mejor clase de compañía que me cabe imaginar, a no ser que esté en casa o con mis mejores amigos. Veo especialmente a menudo a Chaplin y a su mujer.[112] Resulta interesantísimo (y me quedo corto) ver cómo se conduce en la vida real un auténtico ge-

[112] Oona O'Neill.

nio, pues estoy convencido de que lo es, aunque en realidad tiene poco o ningún misterio: es un hombre sumamente activo, autodidacta, interesante y afable, en permanente conflicto entre su natural sensible y tierno y una frialdad glacial que a veces me desconcierta y que creo que a usted se le indigestaría. Sin la menor pretensión, eso sí. El «genio» es una mezcla de todo eso con una tremenda autodisciplina, un gran dominio técnico y mucho trabajo, realizado con una intuición y una sensibilidad extraordinarias. La emoción y la intuición son la base, pero el requisito fundamental es la disciplina, y yo no estoy pegando ni golpe.

Con todo mi cariño, como siempre,   JIM

Querido padre:

[*Santa Bárbara, California*]
Sábado 20 de enero [*de 1951*]

[…] El martes pasado por la noche tuve el tercero de una serie de ataques de dolor (agudo) en el pecho, los dientes y los antebrazos (el primer ataque lo tuve el día anterior por la mañana). Me hospitalizaron. Ayer ya tenían el trastorno localizado y diagnosticado: una trombosis coronaria menor, pero que debo vigilar para que no se desarrolle y que tardará su tiempo en curarse. Dicen que voy a necesitar al menos cuatro semanas para reponerme, durante las que tendré que quedarme en cama en el hospital y guardar tanto reposo como sea posible. Seguirán unas semanas más de convalecencia y, con un poco de suerte, volveré a ser una persona «casi normal» durante una buena temporada, siempre que vaya con mucho cuidado.

La trombosis se debe al abuso del alcohol y del tabaco, a la falta de sueño, la tensión nerviosa o sencillamente a la sobreexcitación. Lo del alcohol, el tabaco y el sueño puedo arreglarlo y pienso hacerlo. En lo que toca al resto, tendré que confiar en la suerte.

1951

Estoy empezando a leer *La isla de los pingüinos*, de Anatole France. Imagino que ya la habrá leído. ¿Qué le parece? De momento me gusta, aunque el escepticismo de France, un ironista profesional, me está dejando un regusto desagradable... No me molesta su personalidad en sí, sino el tono de superioridad que tiene tendencia a adoptar.

Un fuerte abrazo a usted y otro a la señora Flye,

JIM

Querido padre:

[*Santa Bárbara, California*]
Martes 15 de febrero de 1951

Saldré del hospital el miércoles o el jueves que viene. Aún no sé dónde voy a alojarme. He tenido varias ofertas muy amables y generosas, pero la verdad es que no quiero planearlo ni comprometerme con tanta antelación. Si usted o mi madre tuvieran que enviarme algo, pueden mandarlo a casa de Paul Kohner: 9169 Sunset Boulevard, Los Ángeles 46. (Es mi agente en temas de cine.)

Pasar tanto tiempo en el hospital ha sido bastante tedioso, pero no tan terrible como temía. Todas las enfermeras son muy simpáticas, y hay un par tan encantadoras que me da pena dejar de verlas cuando me den el alta.

Aún no sé si volveré a casa después de las semanas de convalecencia que me quedan o me instalaré por aquí dos o tres meses más para recuperar parte del dinero que me ha costado la hospitalización.

El tiempo a estas alturas del invierno es increíble para cualquiera que provenga de un clima medianamente razonable, pero yo sigo en mis trece: el clima lo prefiero más creíble...

Un fuerte abrazo,

JIM

189

[Los Ángeles, California]
7 de noviembre de 1951, Día de Santa Teresa
(es decir: cumpleaños de Teresa Agee, que no es
que sea una santa, pero que, al menos para mí,
resulta mejor compañía que la mayoría de los
santos. Ha venido a verme esta mañana. Dios
Querido padre: *la bendiga)*

Me dio mucho gusto saber de usted. Sí, normalmente habría
dejado una dirección a la que remitir la correspondencia que
llegara, pero pasé tanto tiempo sin saber si saldría al cabo de
un día o de una semana que decidí pedirles que me guardaran
el correo en la Beverly House. Luego asumí que había reco-
gido todo el correo… y me equivoqué, como de costumbre.

El ataque no ha sido nada grave —supongo que me darán
el alta el sábado o el domingo—, aunque haber tenido que volver al hospital después de tan pocos meses y tras una oclusión
tan leve como la del invierno pasado comienza a ser preocu-
pante. Pienso en lo que me decía: que la diferencia puede ser
vivir cuarenta años más o sólo cinco, y que eso depende de mí
en muchos sentidos. De todas formas, ojalá pudiera tomár-
melo más en serio. Los motivos que me lo impiden son varios. Uno es mi convicción pertinaz de que fumar con moderación, por ejemplo, es algo que aún me puedo permitir.
Otro es el cúmulo de excesos a los que me he ido habituando:
el único ascetismo —o incluso moderación— que me ha im-
portado alguna vez, o que he tratado de poner en práctica, ha
sido aquel que me permitiera intensificar el placer. Otro motivo es mi profunda aversión a los absolutos y el poco crédito
que le doy la existencia o a la necesidad de la mayor parte de
ellos. Otro es que, en última instancia, me importa bien poco
si vivo o muero. Todos estos motivos deben de estar estre-
chamente vinculados en su raíz o ser idénticos; en cualquier
caso, se retroalimentan entre sí hasta nublar cualquier imperativo que encuentran en su camino. La niebla se despeja úni-

camente en aquellos ámbitos en los que puedo ver, sentir y pensar con claridad y rigor (por ejemplo): «Seguir fumando es un suicidio, así que no vas a fumar nunca más», y hoy o ayer he estado más cerca que nunca de tomar la decisión, aunque aún no lo he hecho...

Una de las cosas que me hace relativizar la gravedad de mi estado es que soy presa de una impaciencia y un hastío infernales aquí en el hospital después de sólo diez días de haber ingresado. La última vez, en Santa Bárbara, soporté mucho mejor una reclusión de cinco semanas.

No sé qué diría el médico sobre la dieta que me comenta; estoy siguiendo una dieta hipocalórica (las 1200 calorías que se necesitan mínimamente para conservar la salud) y baja en colesterol. Así que nada de azúcar, nada de crema y nada de leche, salvo la desnatada, que detesto; nada de grasa animal o alimentos ricos en proteínas. A juzgar por el rancho del hospital, sigo algo muy similar a su dieta de vitamina C, que me parece muy recomendable —para la salud y el bienestar, digo, no tanto para el disfrute—. Como verduras a montones.

(*Viernes.*)

Quería añadir que me alegro mucho de que a usted le haya ido bien su dieta. Yo no tengo talento para hacer el sibarita, ni verdadera inclinación, pero sí trato, y en eso soy implacable, de disfrutar de lo que como. Si en cada comida pudiera disponer de una cantidad adecuada de algo que de verdad me gusta, creo que me avendría a renunciar a muchos otros alimentos que también me gustan (eso es lo que llevo haciendo desde el pasado invierno) y a ingerir otros que me disgustan como si se tratara de medicinas... que, por otro lado, es lo que son. Todas las frutas me aburren soberanamente, y la mayoría de las ensaladas —aunque no todas— me dejan frío. Me encanta el queso, que tiene mucho colesterol. La carne magra me gusta lo bastante como para renunciar a la grasa, que también me gusta. Los huevos me los como con ganas, aunque podría pasar sin ellos el resto de mi vida sin añorarlos en exceso. Prefiero el azúcar morena que la blanca, aunque probablemente debería prescindir de ambas; de todas formas nunca he tomado mucha. En general aborrezco las comidas «saludables», como las zanahorias crudas. Creo que, contando los viernes y mis estancias en la costa de Maine, he comido suficiente pescado para irme tranquilo a la tumba, aunque hay alguno que sí me gusta, y mucho, sobre todo si no estoy obligado a comerlo y puedo hacerlo cada quince días.

(*Miércoles por la noche.*)

Hoy he tenido una visita y, desde que se ha ido, me ha invadido tal aburrimiento que apenas consigo arrastrarme de una hora a la siguiente. Me gusta leer y escribir, pero lo he hecho tanto que ha llegado a aburrirme. De todas formas, desde que se ha ido la visita he estado leyendo a ratos los *Diarios londinenses* de Boswell. Supongo que ya lo habrá leído. Me está gustando muchísimo, lo que no quiere decir que no me me aburra. Cualquier actividad, por más agradable que sea, debe interrumpirse para ver a gente, tomar un trago, tocar el piano o dar un paseo: lo que sea, siempre que resulte bastante distinto de lo que uno estaba haciendo.

Los diarios de Boswell son tan buenos que me han entrado ganas de llevar uno y, al mismo tiempo, se me han quitado, pues sería imposible que fuera igual de bueno. Siempre he admirado y envidiado la regularidad con que usted lleva el suyo. Yo he llevado algún diario de forma esporádica en años sueltos; nunca, que yo recuerde, más de seis semanas seguidas, y rara vez durante más de dos. No dudo del interés que pueda tener el diario de *cualquiera*, pero yo sólo he logrado llevar uno en tiempos que, por uno u otro motivo, han sido de gran felicidad o de agitación interior, dolorosa o no, y en los que además he sentido esa mezcla especial de constancia y ener-

gía que casi siempre me falta. Iba a decir que sólo logro llevar un diario cuando me siento muy interesado en mí mismo,
lo que es infrecuente (aunque sea capaz de enzarzarme en in-
terminables peroratas acerca de mis intereses, como demuestra esta carta): como no me encuentro especialmente atractivo, cualquier momento de interés en mí me hace ponerme a
escribir. Seguramente es posible llevar un diario bueno, o menos malo, a partir del interés por el prójimo, que no suele fal-
tarme. Debo de haberme pasado entre treinta y cincuenta noches conversando con Chaplin, que se ha mostrado muy fran-
co y cercano conmigo, pero lo último que se me ocurriría es
convertir nuestras conversaciones en un artículo; la única manera de ponerlas por escrito, si es que la hay, sería en forma de
diario o de cartas: la clase de libro que no se publica hasta que
los dos protagonistas llevan tiempo criando malvas. Por ser
quien es, por lo mucho que lo respeto y porque es un hombre
sumamente interesante de por sí, me habría encantado haber
tomado notas, pero lo único que he escrito al respecto se lo he
enviado a Mia en dos o tres cartas, y seguramente a estas alturas ya habré olvidado la mayor parte, por mucho que me haya
interesado la conversación.

El recorte que me envían usted y David [McDowell] sobre el esperma congelado es bastante deprimente, sin duda.
Con todo —y aunque detesto los trucos de la inseminación
artificial y siento un gran respeto y afición por las buenas experiencias sexuales—, me gustaría conocer sus resultados e
incluso probar, una vez que esos resultados se hayan evalua-
do a una escala lo bastante grande. Como usted, me considero tan hereditarista (si me permite el término) como ambien-
talista, y sentiría una gran curiosidad por ver los resultados
de un experimento controlado con, pongamos por caso, una
mujer de buena cuna del siglo XX y el esperma de un siervo
francés del siglo XI. O, suponiendo que usted y yo estemos
entre los últimos humanistas más o menos libertarios, probar
a congelar mi semen simplemente para que un hijo mío pue-

da enfrentar la vida de abejas que muy probablemente tendrán los hombres de aquí a doscientos años, si la humanidad todavía existe. La posibilidad de que todo esté bajo el control de los «científicos» o del «Estado», o de quien sea que tenga el control para entonces, me repele mucho más de lo que me atrae: confío mucho más en la ceguera de la naturaleza, aunque también hay en ésta muchas cosas que me repelen. En todo caso, engendrar a un hijo es un acto tan serio como el asesinato, por lo menos...

A mí también me gustaría hablar con usted sobre muchas cosas, personales y generales. Y siento, como usted, que no hay nada en el mundo, ni la sombra de un pensamiento, que no estuviera dispuesto a contarle; de hecho, estaría encantado y agradecido de hacerlo. Respecto de los temas generales, soy demasiado tonto e indolente (amén de estar poco informado) para escribir con cierto conocimiento de causa: preferiría hablar, sobre todo si usted me azuza y me lleva la contraria. No obstante, hay algunas generalidades sobre las que tengo una *opinión* muy marcada: por ejemplo, opino que este país está pasando por su peor momento, creo que resulta intrascendente pensar en quién podría «ganar» la próxima guerra y que lo que intentan vendernos como la «civilización occidental» está más o menos periclitado y amenazado por un bando y por otro, y que, sea cual sea el bando «victorioso», si lo hay, vamos derechos a una nueva Edad del Hielo... que está muy avanzada ya, aquí como en todas partes. Durante las elecciones inglesas no sabía con quién quedarme: sospecho que será una de las últimas campañas en las que veamos que alguien trata sinceramente de concertar el socialismo con el máximo respeto por el individuo, pero al final ambas campañas fueron muy grises, muy tristes, y cada vez está más claro que se trata de otro saliente del inevitable glaciar; aun así, sentí verdadero respeto por los laboristas y me dolió que perdieran. Con todo, me alegro de que ganara Churchill: no es que me parezca el gran hombre que muchos dicen que es, ni mucho menos, pero es posible que posea algo de grandeza y, aunque no sea un gran hombre, hay que admitir que es *un hombre*, y eso es más de lo que cabe decir del pobre Clement Attlee y de Richard Cripps y compañía.[113] No creo que nadie pueda hacer gran cosa por aplazar otra guerra mundial o por salvar la civilización, pero al menos tendremos un poco de acción decidida y de interés genuino. No sería mala idea que Churchill tomara también las riendas de este país: aquí no parece que haya nadie competente para el cargo. Creo que cada vez me importan más, mucho más, las cualidades y la capacidad del personaje en sí que la política o los ideales que defiende... y cada vez estoy más convencido de que los individuos de carácter *pueden* llegar a cambiar el panorama político hasta cierto punto.

Creo que me estoy poniendo muy pesado. De todos modos, estoy cansadísimo. Dejo la continuación para mañana.

(*Viernes.*)

Bueno, pues he emborronado mucho papel, aunque lo que digo no tenga ni pies ni cabeza.

Si no hay contratiempos, mañana regreso a casa: allí seguiré convaleciendo semihospitalizado, aunque aún no me han dicho por cuánto tiempo.

Hoy (como ayer y anteayer) estoy bastante deprimido... Estoy deprimido porque estoy sin blanca, sin trabajo fijo ni encargos a la vista, a menos que vuelva a trabajar para *Time* —y ése sería el último recurso—. Estoy deprimido porque han pasado más de tres años desde que dejé mi trabajo para dedicarme en serio a escribir de una vez por todas, y he escri-

---

[113] En octubre de 1951 el Partido Conservador de Gran Bretaña se impuso al Partido Laborista en las elecciones generales. Su líder, Winston Churchill, sucedió como primer ministro al líder de la oposición, Clement Attlee, cuyo ministro de Hacienda había sido Stafford Cripps, que había renunciado a su cargo un año antes, aquejado de colitis.

to poquísimo. Estoy deprimido porque se me han acabado los ahorros que había logrado reunir (a estas alturas, necesitaría varios meses de trabajo para pagar sólo mis deudas y facturas), con lo que durante una buena temporada la única posibilidad de dedicarme a mis propios proyectos la tendré durante los periodos de desempleo involuntario, como éste, o en los intersticios que me dejen mis encargos de periodismo basura (y después de bregar en una situación similar durante tantos años, sé que eso me es imposible o, en todo caso, no se me da muy bien). Estoy deprimido porque el tiempo que me queda de vida, sea un suspiro o una larga temporada, depende (excluyendo accidentes, catástrofes y todo lo que tan delicadamente suele denominarse «la voluntad de Dios», ¡nada menos!), depende, digo, de que aprenda o no a ser la clase de persona que no soy y que siempre he aborrecido —aunque, conociéndome como me conozco, sé las pocas posibilidades que tengo, por mucho que lo intente—. Y estoy deprimido porque dentro de tres meses pondré una nueva muesca en mi cuarentena, con tan poca cosa hecha y tanto tiempo malgastado e irrecuperable, habiendo incluso reculado palpablemente desde que cumplí los treinta, cuando ya veía, Dios es testigo, que las cosas andaban muy mal. Y hay otras cosas que *deberían* deprimirme pero no me deprimen: la condición de mi alma inmortal, por ejemplo, o mortal, para el caso. La veo como una mezcla laocóntica de varios elementos buenos y otros malísimos; supongo que Dios, al menos tal como yo lo concibo, será bastante más magnánimo que yo (y yo sabría disculpar otros defectos similares que sé que tengo); en todo caso, no me suscita ningún interés personal más que muy de vez en cuando. En fin, que, si combina todos estos motivos para la depresión, el efecto es aniquilador. Y a veces efectivamente me aniquila. Aunque no ha sido así durante este viaje, marcado por una tristeza serena, medio repugnante y con un leve regusto de asco. Imagino que si padezco de algún trastorno mental —o si he de sucumbir a alguno—, éste es la melancolía, que le hace a uno especialmente proclive a la autocompasión manifiesta o disfrazada. En cierto modo, no veo por qué *no debería* uno compadecerse de sí mismo: casi todo lo que conozco o puedo concebir resulta digno de lástima, y no parece razonable suponer que yo sea una excepción. Además, prefiero compadecerme a mí mismo que suscitar la compasión ajena: cuando uno es consciente del nefasto uso que se le puede dar a la compasión, creo que lo mejor es proyectarla sobre uno mismo y no sobre el prójimo. Y no sólo porque tiende a convertirse en un vicio, sino porque es un pensamiento sumamente impuro, aunque no sabría decir si lo es intrínsecamente o por culpa de su inevitable abuso. Lo único que me irrita del estoicismo, que en casi cualquier otro sentido me resulta de lo más atractivo, sobre todo por su aguda conciencia de la verdad, es que con demasiada frecuencia va unido a la autocompasión o le sirve de disfraz: una autocompasión perfectamente disimulada, eso sí.

He estado leyendo un libro de diálogos compilados por Charles Erskine Scott Wood, un abogado que murió hace poco a los noventa y dos años; se titula *Heavenly Discourse* [Discurso celestial]. La mayoría de los diálogos fueron escritos durante la Primera Guerra Mundial; los que ya se habían publicado aparecieron en la vieja revista *Masses*, publicación que, por lo visto, era más libre que *New Masses*, que yo solía leer y para la que escribí alguna cosa. Cuando estaba en Harvard leí un par de diálogos, pero no continué porque eran torpes y estaban plagadas de tópicos. Ahora me sigue pareciendo que son algo torpes y repetitivos, y que lo simplifican todo en exceso, pero me llama la atención descubrir en ellos sentimientos e ideas que corresponden a algo prácticamente extinto: el viejo anarquismo no violento. Y más que los diálogos en sí, me gusta el hombre que infiero a partir de ellos: un tipo cordial, de gran corazón, compasivo y furioso, un *verdadero* amante de la libertad. Estoy seguro de que me habría gustado conocer a un hombre así. (Los diálogos están modelados a partir de los de Luciano y tienen como protagonistas a Dios, Jesús, Theodore Roosevelt, Carrie Nation, Rabelais, Voltaire, el doctor Johnson… Éstos se enzarzan en una furibunda discusión sobre política, moral sexual, censura, teología, derecho, etcétera; incluso hay una serie que no está nada mal sobre Billy Sunday.)[114]

(*Viernes por la noche.*)

Ahora estoy más animado, creo que sobre todo gracias a que he retomado la lectura de Boswell. Por cierto, ha sido en sus *Diarios* donde he corroborado mis sospechas de que soy un ser melancólico: él también sufrió de melancolía, de una especie feroz, y la padecía ya a los veinte años recién cumplidos.

Un abrazo y otro a la señora Flye,

JIM

Querido padre:

[*Malibú, California*]
Viernes 23 de noviembre [*de 1951*]
por la noche

Me alegra mucho saber de usted, y le agradezco especialmente que me haya hecho el favor de consultar el santoral del 7 de noviembre. Cuando vi por primera vez a mi hijita Teresa, a los dos minutos de nacer, me pareció que me miraba con un aire casi mayestático; de inmediato, como una revelación, me vino a la cabeza un nombre: María Teresa. Después nos pareció demasiado largo y demasiado obvio, pero Teresa a secas nos seguía gustando. Al final la llamamos Julia Teresa. El nombre de Teresa nos atraía por tres cosas más o menos equivalentes: por María Teresa de Austria, por santa Teresa de Ávi-

---

[114] Un beisbolista que, después de su retiro del deporte, se convirtió en un famoso predicador evangélico.

la y por la mera sonoridad del nombre; aunque también tiene sus desventajas, como hemos descubierto a posteriori: la existencia de otra santa Teresa, la francesa, una santa más bien insípida y un tanto empalagosa, y diminutivos como Terry, Tess y Resi, como se les dice a veces a las Teresa en Europa: todos ellos horripilantes. Antes de decidirnos por ese nombre fui a varias tiendas católicas locales a consultar los santorales y el más exhaustivo que encontré mencionaba los tres santos que usted me dijo, aunque, por supuesto, no tenía tantos datos interesantes sobre el de Northumbria (que según veo fue obispo de Utrecht... y recuerdo ahora que el joven escocés estudiante de derecho que aparece en los diarios de Boswell había ido precisamente a la Universidad de Utrecht).[115]

Desde que salí del hospital —y es probable que de ahora en adelante— estoy siguiendo una dieta baja en grasa y en colesterol. Me siento bastante más ligero y mi aspecto lo confirma, aunque no he perdido ni un kilo desde que me pesé la última vez, hace tres meses (la última hasta hoy, digo). El objetivo primordial era el de adelgazar, pero creo que vale la pena renunciar a los alimentos ricos en grasa o colesterol aunque mi peso no varíe. Añoro un par de cosas, eso sí: la crema del café, la leche, los aliños de ensalada medianamente comestibles y las salsas, sobre todo; pero no es tan difícil prescindir de ellas. En lo que respecta al tabaco y el alcohol, las perspectivas son menos halagüeñas. Lo de fumar menos lo llevo bien, pero beber menos es otro asunto. A menos que consiga reducir al mínimo el consumo de ambos, tendré que dejar por completo de fumar y de beber. Ya me han advertido de que, si no sigo cuatro reglas bastante estrictas, tendré problemas muy serios en un año o dos. Si las sigo, me auguran unos diez, quince o veinte años más sin tener problemas graves.

---

[115] Se refiere a san Vilibrordo de York; el 7 de noviembre también se celebra a san Ernesto y a san Herculano, entre otros.

Me aburro mucho y me impaciento por diversas razones: a estas alturas ya he leído al menos una vez todo lo que hay de legible en la casa; he reescrito, pasado a limpio y enviado un relato sin haber empezado otro.* Me esfuerzo mucho, aunque los resultados sean desiguales, en vivir frugal, cuidadosa y saludablemente, etcétera... Sé que Mia vive sumida en una tristeza crónica a causa de la angustia que siente por mí, por mis trastornos cardiacos y por lo poco que cuido de mi corazón. Estoy sin trabajo y sin dinero. La única forma que tengo a mano de mejorar mis perspectivas es el alcohol, pero debo extremar la moderación (en realidad, no debería probar ni gota). La única vía alternativa de escape es trabajar tanto como pueda...

Al diablo con todo.

Buenas noches. Espero retomar esto mañana, y con mejor pie.

JIM

(*Jueves 13 de diciembre.*)

Como tantas otras veces, tras recibir su carta me puse a escribirle enseguida, pero luego no llevé mi respuesta al correo pensando en añadir algo. Igual que el pescado que se deja fuera de la nevera, las cartas a medias comienzan a oler, se pierden con facilidad y se hace cada vez más difícil enviarlas. Esta vez no la he perdido, y huele tanto a pescado podrido que casi no puedo soportar leerla ni verla, pero se la enviaré, para variar.

La verdad es que tengo pocas noticias desde que le escribí las demás páginas. El único detalle que me ha alegrado un poco la vida ha sido un encargo que espero ultimar en un par de días: escribir la «narración» y parafrasear el diálogo de una película filipina, bastante potable, sobre el joven Gengis

---

* «A Mother's Tale» [Relato de una madre], *Harper's Bazaar*, julio de 1952, p. 66.

Khan.[116] Me proporcionará al menos el dinero necesario para pasar tranquilos las Navidades (si es que uno puede estar tranquilo entre tantos acreedores voraces). He vendido el relato a *Harper's Bazaar* y con algo de suerte el cheque me llegará a tiempo. Hoy he visto al médico: vuelvo a estar en buena forma, al parecer. En los pocos momentos de ocio que me puedo permitir, me acerco a ver a Chaplin rodar su última película.* Es posible que el sábado por la noche vayamos en coche a Santa Bárbara a ver actuar a una amiga, Iris Tree,[117] en un ciclo de obras de teatro medievales de tema navideño, aunque no me extrañaría que al final cambiáramos de plan. He estado leyendo algunos de los cuentos de Andersen —de pequeño ya había leído unos cuantos, por casualidad—: me han encantado.

He estado dándole vueltas a la idea de contar una historia en forma de carta de amor larga y angustiada, cuyo autor se deshaga en ruegos, insultos, etcétera, relatando y analizando de principio a fin una relación desesperadamente infeliz. El remitente es Dios y la carta va dirigida al género humano. Al final se puede añadir (aunque no lo tengo muy claro) que la carta fue devuelta al remitente con un sello que decía «destinatario desconocido». Tiene un punto que me gusta: creo que existe un estrecho vínculo entre la necesidad del libre albedrío para que exista el amor y la inevitabilidad de la decepción, aunque me temo que mi forma de tratar el tema podría resultar demasiado efectista y superficial.

Todo mi cariño para usted y su señora, como siempre, y mis mejores deseos para esta Navidad...

JIM

* Limelight [*Candilejas*].
[116] *Genghis Khan*, de Manuel Conde (1950). La película, narrada en inglés por el propio Agee, recibió elogios en el Festival de Venecia de 1952.
[117] Poeta y actriz inglesa. Fue musa de Modigliani y actuó en grandes clásicos del cine, como *Moby Dick* o *La dolce vita*.

Querido padre:

Gracias por su carta y por los recortes que me envía. La crítica me ha sentado de maravilla, desde luego, tanto por el mero placer de recibir halagos como por el hecho, aún más gratificante, de ver que el crítico en cuestión ha entendido mis propósitos con mucha mayor penetración que la mayoría.

Como suele pasar cuando tengo tiempo, tranquilidad y privacidad —que son las condiciones ideales para escribir una carta—, me encuentro tan apático y deprimido en mi resaca laboral que no tengo nada que decir ni energía para decirlo, así que le mandaré sólo dos palabras meramente para hacer acto de presencia: una prueba de que sigo oficialmente vivo y un testimonio de las ganas que tengo de hablar con usted.

Llevo dos semanas tratando de escoger un proyecto entre varios posibles, y el proceso ha supuesto una buena dosis de lectura, reflexión y escritura. Creo que estoy llegando a una decisión: voy a volcarme en una película cuyo «héroe» o protagonista sea una tormenta huracanada; debo relatar el modo en que nace y crece; sus efectos sobre la gente, los animales, las cosechas y la tierra; cómo se la predice y se le sigue el rastro y lo que hace la población para combatirla —o más bien soportarla— de la forma más sensata posible. Creo que podría ser buena.

Gracias por el libro de dietética, que he leído con mucho interés. Hasta ahora, la parte de la dieta que ha tenido un efecto evidente es la eliminación de las grasas, aunque sólo he perdido unos pocos kilos (tengo unos diez centímetros menos de cintura). Me emborracho más que antes, y sin tanta alegría, con mucha menos bebida; me canso más y con mayor rapidez y tardo más en sacudirme el cansancio.

Ojalá tuviera un lápiz más negro, un cartucho de tinta para la pluma o una máquina de escribir en condiciones: soy consciente de que esto será difícil de descifrar.

Me gustaría volver a la costa Este, pero no he podido juntar el dinero suficiente para pagarnos un billete.

Tengo muchas ganas de volver a verlo.

Me gusta sobre todo el artículo inicial de Whittaker.* En cierto sentido, me gusta incluso lo que no acaba de gustarme, pues surge de un grado de fidelidad a la propia naturaleza que es poco frecuente en los tiempos que corren.

Me disculpará esta carta tan gris y deprimente. Espero escribirle muy pronto de mejor humor.

Un abrazo fuerte, como siempre,   JIM

Querido padre:

*[Nueva York] Lunes
6 de octubre de [19]52
por la noche*

Gracias por su carta. La presente, si es que puede considerarse una carta, será bastante breve: sólo quiero darle las gracias y enviarle recuerdos y todo mi afecto.

Este guión no se acaba *nunca.*** Ahora estoy revisando los comentarios. Entretanto, el equipo de rodaje se ha ido a Kentucky e Illinois para filmar la película. Cuando termine el guión, si eso sucede algún día, se supone que tengo que reunirme con ellos en calidad de asesor, y más me vale, si no quiero que todo esto sucumba al provincianismo neoyorkino.

Cuando esté por ahí, si es que voy, ya encontraré la manera de ir a verlos y pasar con ustedes un fin de semana, aunque aún no sé cómo ni cuándo: sólo espero que sea posible.

Estoy comenzando a esforzarme de verdad simplemente para prolongar mi vida todo lo que se pueda, a juzgar por los

* Whittaker Chambers, «I Was the Witness» [Yo fui el testigo], *Saturday Evening Post*, 9 de febrero de 1952.
** Jim trabajaba en el guión de una serie de telefilms sobre Lincoln patrocinado por la Fundación Ford.

últimos veredictos médicos. Sobre todo tengo que evitar el tabaco y los excesos alcohólicos, pero de momento mis intentos han sido más bien tímidos. Es cierto que últimamente no he cogido ninguna borrachera de consideración y no fumo más de ocho o nueve cigarrillos diarios, pero en el caso del tabaco eso no basta, y lo peor de todo es que el alcohol, que por sí mismo resulta relativamente inofensivo, multiplica por cinco mis ganas de fumar y reduce más o menos en la misma proporción mis capacidad de resistir la tentación. Así que, para mantener a raya el tabaco (lo que en mi caso equivale a suprimirlo del todo), parece que voy a tener que dejar también la bebida. Tal vez pueda volver a beber cuando haya dejado de fumar, si lo consigo.

No es un panorama especialmente atractivo ni alentador, pero al menos me preocupo y lo intento una y otra vez, y soy más o menos consciente de que se trata de una elección de vida o muerte, lo que en mi caso es mucho, al menos de un buen tiempo a esta parte. En fin, me ha parecido que se alegraría de saberlo.

Estoy leyendo un libro de Charles Williams, del que probablemente habrá oído hablar.[118] Por si acaso, le diré que era un novelista, erudito y poeta que gozaba de la admiración de T. S. Eliot, y que es uno de los pocos escritores religiosos contemporáneos que de veras me conmueve y me interesa. La novela que tengo entre manos es *Descent into Hell* [Descenso a los infiernos]. Williams da lo sobrenatural por supuesto, en vez de admitirlo con reservas o atribuirlo a un salto de fe (por no mencionar otros puntos de vista agnósticos o ateos), y tiene el don maravilloso de transmitir y dramatizar los estados mentales u ontológicos «límite».

---

[118] Charles Williams formó parte, en la Universidad de Oxford, de un célebre círculo literario conformado además por C. S. Lewis y J. R. R. Tolkien. La novela que Agee menciona enseguida, Descent into Hell, es de 1937. Williams había muerto en 1945.

1952

En cuanto a mi estado, creo que es inútil tratar de describirlo (como si significara algo decir que es «inútil»): digamos que estoy «en suspenso», exhausto a causa del esfuerzo que estoy poniendo en el proyecto, a causa de las posibilidades del proyecto y los inevitables yerros achacables a mí o a otras personas, o a mis reparos a la hora de imponer lo que sé; y otro tanto cabe decir de la obra que quiero escribir y de la que apenas tengo unas pocas páginas; o, ya puestos, de esta vida mía que toca a su fin y de las relaciones que todavía conservo. No tengo ganas de ver a mis amigos ni de hacer otros nuevos, y cuando estoy solo me invade la desesperación, a menos que tenga trabajo que hacer...

Voy a ponerle el punto final a esta carta cansado y arrepentido. Un fuerte abrazo,

JIM

Espero que se lo pensará dos veces y votará al primer adulto de mentalidad civilizada y dotes literarias que se ha presentado jamás a la presidencia, que yo sepa...[119] ¿Escuchó el discurso de Chicago o lo ha leído? *Por fuerza* tendría que darle la razón, creo yo. Es un hombre de verdad y de él no va a salir ninguna clase de New Deal. Poco importa a qué partido represente... Por supuesto que *en este momento* preferiría que fuera el candidato republicano, pero no se puede tenerlo todo, y rara vez hemos tenido la oportunidad de elegir a un hombre así. Me temo que perderá. El partido y todo lo demás, en este caso, me parece comparativamente irrelevante. Voy a inscribirme y a votar por primera vez en mi vida. Me pregunto si será la última, ¿o acaso uno se habitúa a estas cosas?

---

[119] Alusión a Adlai Stevenson, el candidato demócrata en las elecciones presidenciales de 1952 que perdió frente al candidato republicano, Dwight Eisenhower.

Querido padre:

Conoce usted mejor que nadie mi negligencia a la hora de escribir cartas (a pesar de lo cual ha de saber que le escribo a usted cuatro cartas por cada una que envío a cualquier otro destinatario), pero al menos este año voy a empezar bien: son las 4.35 de la mañana del primer día de 1953 y éstas son las primeras palabras que escribo.

Le agradezco particularmente la carta que me envió desde el monasterio de Georgia. Me he planteado muy seriamente su oferta de ir a pasar unos días con los trapenses de Kentucky en primavera. Pero no voy a hacer ni el amago de comprometerme: demasiadas veces he visto que me equivocaba en planes sobre los que creía estar seguro, como cuando le dije que iría a verle en la primavera de 1951 o el otoño pasado. Además, durante el poco tiempo libre que tenga y, por encima de todo, que logre pasar con usted, creo que preferiría verle a solas, a menos que pasáramos allí el tiempo suficiente para trabajar un poco. Por otro lado, como le decía, creo que no habría mejor modo que el que me propone de compartir el tiempo y la experiencia: con un viejo y querido amigo, y sé también que no hay ningún otro amigo con quien me gustaría compartir algo así. Se me ocurre ahora, además, que aunque hace ya muchos años que alimento más o menos frívolamente la ilusión de realizar algún tipo de retiro, sería mejor y más probable que acabara haciéndolo si voy con un amigo —con usted— que por mi cuenta. Así que voy a cambiar de tono y aparcar el derrotismo: creo que es una idea magnífica e incluso muy acertada, y espero y ruego (en cierto modo) que podamos llevarla a cabo. Pero de ahí a decir «claro, la primavera que viene, en la primera ocasión que se presente» media un abismo, ¿se hace usted cargo? Demasiadas veces me he comprometido en falso. La última fue cuando llegué a Illinois y vi lo que costaba un billete de avión a Nashville, y supe que no podría permitírmelo (y como trabajábamos seis días por semana, el avión era la única alternativa). Aun así, me apena mucho no haberle escrito para avisarle...

Por una de esas coincidencias raras y algo retorcidas, hace un tiempo que me interesa muchísimo un médico hipnotizador llamado Erickson, de la Universidad de Wayne,[120] entre otras cosas porque, cuando es preciso, tiene la misericordia y el sentido común de oponerse al fanatismo puritano que impera entre la mayoría de los psicoterapeutas modernos, con su idea de que el paciente debe *enfrentarse a todo* y ganarse hasta la última gota de su curación por medio del sufrimiento. A una paciente desesperada, en un estado de lo más precario, la trató de tal manera que (a) la curó y (b) le hizo olvidar que se había sometido a la hipnosis. Ni siquiera recordaba que había necesitado su ayuda. La chica, de 23 años, le había vomitado encima al hombre de sus amores cuando éste trató de besarla y el accidente la sumió en una depresión histérica y suicida. Erickson la curó de tal manera que, al cabo de tres sesiones, se casó con aquel hombre y, al cabo de dos años, cuando Erikson la vio por última vez, tenía un hijo y gozaba de una salud perfecta.

Este lápiz está cada vez más romo y no tengo cuchilla ni lápiz de repuesto, así que tendré que parar muy pronto.

El lunes voy a ver a un médico del que he oído hablar maravillas —un tal doctor Arthur Sutherland— para que me haga un chequeo general. Me alegro de hacerme de una vez esa revisión que tenía pendiente desde hace meses. No es que sea especialmente urgente, salvo por un cansancio o una facilidad para cansarme que va en aumento y no parece normal. En fin, qué remedio.

Le deseo un feliz año, mi queridísimo amigo,

JIM

---

[120] Milton H. Erikson.

(*10 de enero.*)

Voy a pasar un par de días en el hospital; nada serio: solamente un chequeo. Estoy en el Memorial Hospital de la calle 68 con York Avenue, pero no me escriba aquí, porque el martes me dan el alta. Le escribiré desde casa para hablarle de la versión de Knox,[121] etcétera, en cuanto recupere fuerzas...

Querido padre:

[*Nueva York*]
12 de febrero de 1953
por la noche

La carta que le debo me está quemando el alma desde hace muchos días (por suerte no se incendió el papel), así que voy a responderle ya, pese a que no me veo del todo capaz.

Uno de los motivos por los que la he aplazado tanto ha sido la falta de tiempo y de energía para analizar el pasaje del Eclesiastés que me envía y comparar la traducción de Knox con la canónica. No puedo entrar en detalles ahora mismo, pero voy a tratar de esbozar una opinión de conjunto. Recuerdo que en general (sin referirse a este pasaje en concreto) estaba usted bastante entusiasmado con la traducción de Knox, y que el pasaje que me envió es uno de sus favoritos en la antigua versión. La idea de una nueva versión es sin duda tan justificable hoy como lo era en los tiempos en que las traducciones se hacían del latín a las lenguas vulgares y, a pesar de ello, (1) no me gusta mucho lo que ha hecho Knox y (2) dudo mucho que ninguna otra versión pudiera satisfacerme. Sencillamente, puede que tenga un oído reaccionario; otra ra-

---

[121]   Se refiere a la traducción de la Biblia que realizó el teólogo, sacerdote y escritor inglés Ronald Knox; su versión del Nuevo Testamento se publicó en 1945, mientras que la del Viejo Testamento apareció en 1960. Véase la carta siguiente.

zón que se me ocurre, casi mística, aunque esencialmente práctica e incluso pragmática, es que, por generalizada que sea la demanda o la necesidad de una Biblia inteligible, también es posible que esa demanda, y quienes buscan satisfacerla, carezcan de la suficiente profundidad religiosa. En cierto sentido, parece incluso irrelevante hablar de pasión y talento estéticos en este caso porque es de suponer que, si la demanda de la traducción y la traducción misma surgieran de un profundo sentimiento religioso, las cuestiones estéticas se solventarían por sí solas, aunque en realidad no sé hasta qué punto la inspiración que nace de un profundo sentimiento religioso se traslada por fuerza estéticamente (lo que constituiría el criterio definitivo, incluso el único, para determinar las bondades de una traducción): hay cosas que me gustan más en las versiones inglesas anteriores a la del rey Jacobo, pero eso no sucede con ninguna de las versiones posteriores que se apartan del rey Jacobo y del Libro de Oraciones Comunes. Me han dicho —y me encantaría poder opinar con conocimiento de causa en este punto— que la traducción de Lutero es aún mejor que la del rey Jacobo tanto estéticamente como por su calidez y porque resulta más próxima desde el punto de vista religioso y humano. Por lo que he leído acerca de la versión de Douai, parece que es muy inferior a la del rey Jacobo, y puede que esto se deba en parte a una cuestión de «inspiración» (como satisfacción divina de una necesidad verdadera) porque, habiendo respondido más al sentido de la oportunidad que a una necesidad acuciante, la de Douai debió de hacerse un poco a regañadientes.[122] La de Knox es sin duda mejor que esta última tanto en el espíritu como en la letra, aunque en general la veo simplemente como una versión de

---

[122] Se refiere a la llamada Biblia de Douai-Rheims, una traducción de la vulgata al inglés hecha por los miembros del English College de Douai, en Flandes (hoy en Francia). El Nuevo Testamento se publicó en 1582 y el Antiguo Testamento entre 1609 y 1610.

un hombre de letras devoto, docto e inteligente que intenta, con curiosidad y talento, y con un sentido algo más digno que el de la mera oportunidad, de experimentar con una tarea que requeriría «genio» o «gracia divina», o ambos, y que en cualquier caso sin duda precisaría, además, de una devoción profunda y desesperada, motivada por la necesidad. En sí misma, es una buena obra literaria, magnífica incluso, pero por desgracia encuentro pocos cambios a nivel léxico o fraseológico que hagan el contenido más inteligible (y *más interesante*, que es también de lo que se trata), y una y otra vez descubro sustituciones, simplificaciones y embellecimientos de las palabras y de la cadencia para los que no encuentro más motivo que la curiosidad del traductor por comprobar si todo podría decirse igual de bien, o incluso mejor, de una forma muy distinta. Si compara la cadencia del pasaje que me envía en ambas versiones, prestando la menor atención posible a las palabras, verá que la antigua versión constituye uno de los grandes logros rítmicos de la lengua inglesa, y que la nueva es simplemente buena, en el mejor de los casos. Y si deja de lado la cadencia y se concentra en las palabras y sus resonancias, verá aún más claramente que la versión de Knox no está en absoluto a la altura. Lo mejor que puedo decir de ella es que, para el lector esporádico que se preocupe de comparar ambas versiones, la nueva le servirá de vez en cuando para aclarar lo que dice la antigua (cosa buena y útil que, sin embargo, también podría lograrse mediante glosas y notas a pie de página) y, más a menudo, para redescubrir su extraordinaria belleza. Para mí, sin embargo, una nueva versión realmente importante de la Biblia, si llegara a haberla, no sólo tendría que satisfacer a personas de cierto gusto literario-religioso, sino a todos los cristianos devotos que puedan leer y entender el inglés, y a la vez debería ser buena hasta tal punto que la minoría interesada en la dimensión literaria no tuviera inconveniente en aceptarla y reverenciarla, y en relegar la antigua versión al arcaísmo y la nostalgia. Hasta qué punto esa postura sea atri-

buible a mi oído reaccionario y a mis prejuicios es algo sobre
lo que ahora mismo ni siquiera trataré de elucubrar. Sé que en
buena parte se trata de una posición subjetiva, pero no creo
que carezca por completo de objetividad: de hecho, no me importaría someter los dos pasajes que me manda al juicio de algunos expertos en prosa inglesa que no tengan una educación religiosa ni un conocimiento profundo del inglés arcaico
(si realmente es concebible un entendido que carezca de él).

Me he quedado medio vacío después de esta parrafada. A
ver si encuentro algo que decir que precise menos esfuerzo.

En el hospital me han dicho que mi salud es buena en general, pero que mi hígado entraña más peligro que mi corazón.
No es que mi condición hepática sea pésima, sólo que la eliminación de toxinas y la transformación del colesterol en éste-
res del colesterol es lenta, no sé si me entiende (yo no entiendo
mucho, la verdad); pero es una alteración reversible. Para rever-
tirla tengo que beber un máximo de dos tragos al día e ingerir
grandes cantidades de levadura de cerveza (cosa que le alegra-
rá saber), además de diversas vitaminas —sobre todo del grupo B— en dosis cuatro veces superiores a las habituales...

Tras un largo y sufrido periodo de indecisión entre varias alternativas laborales, he encontrado dos que me gustan.
La primera es un encargo breve (o debería serlo) que consiste en transformar una idea que he tenido en un guión hecho
y derecho para la misma gente que hizo *The Quiet One* [El
callado];[123] se trataría de escribir una historia de amor sin más:
tal como sucede. La otra es un guión para una película sobre Paul Gauguin que se rodará en Francia y en Tahití. Este
último proyecto me hace mucha ilusión (de momento), entre
otras cosas porque, si quiero, podría ir a Francia y a Tahití. Sería por un par de meses meses, así que creo que iría encantado.

[123] Documental de 1948, dirigido por Sydney Meyers, que relata la
rehabilitación de un muchacho negro con trastornos emocionales. Agee
escribió la narración.

Los telefilms de Lincoln (que en total suman dos horas y media de metraje) se montarán y distribuirán en cines reconvertidos en un largometraje de hora y media. Mañana voy a ver el primer corte de prueba.

Sobre la posibilidad de pasar unos días en un monasterio trapense no puedo ser muy concreto: es posible que el trabajo me lo impida, y aunque la idea me atrae muchísimo por los motivos que le decía, también me da cierto reparo por otras razones. La mayoría de ellas son, por supuesto, el reverso de los motivos por los que la idea me atrae, pero hay una que no tiene nada que ver y que podría parecer (o ser) vergonzosa y absurda: a estas alturas estoy más enganchado al alcohol de lo que lo había estado nunca. Sí, ya sé que se supone que debería estar bebiendo un máximo de dos tragos al día, pero ésa es una meta que sólo puedo alcanzar cada tres o cuatro días. Sé muy bien que la sobriedad resultaría gratificante y hasta embriagadora, pero eso no viene al caso ahora mismo: hasta que no haya vencido la adicción o haya llegado a controlarla en un grado que estos momentos me parece improbable, me temo que varios días de sobriedad me pondrían tan tenso que mi estancia en el monasterio no sería nada beatífica, sino un verdadero infierno en la tierra. No obstante, es posible que mis perspectivas hayan mejorado un poco dentro de unas semanas: el trabajo, si realmente nos interesa, puede obrar milagros. De todas formas, dígame por favor cuándo caen exactamente sus vacaciones de primavera. En una carta anterior me comentaba que ese plan significaría mucho para usted: también significaría mucho para mí, así que lamento estos titubeos y estas inseguridades más de lo que puedo expresar ahora mismo.

Esta carta no es más que un montón de tonterías: apenas le he contado nada de mí. Tal vez eso pueda considerarse una virtud en el arte epistolar, pero entre amigos más bien parece un vicio. El caso es que no se me ocurre nada bueno que decirle de mí...

Un abrazo,   JIM

Querido padre Flye:

Muchísimas gracias por su carta, que me ha llegado justo cuando estaba a punto de escribirle.

Tenía la esperanza de *podría* viajar a Kentucky, lo que me hacía muchísima ilusión, pero me he dado cuenta de que he avanzado mucho más lento de lo que esperaba en la escritura del guión que debería tener terminado antes de comenzar el otro encargo, que es inminente. El caso es que no puedo arriesgarme a tomarme libres ni siquiera esos días. De todas formas, espero poder pasar varios días con usted en Getsemaní a la primera ocasión que se nos presente.[124] Ojalá se presentara hoy.

He tenido muy poco contacto con [T. S.] Eliot (aunque él se mostró siempre sumamente amable), y hace tanto tiempo que dudo que vayamos a encontrarnos cuando venga a Nueva York. Sin embargo, si no le incomoda, me gustaría que pudiera saludarlo de mi parte y darle mis más calurosos saludos cuando llegue a Sewanee. Estoy seguro de que se caerán muy bien: le gusta beber moderadamente y es un gran conversador. Espero que ese encuentro se dé y que los dos lo disfruten, ¡qué más querría yo que acompañarlos!

Estoy trabajando en tres proyectos a la vez: (1) reduciendo el metraje de la película de Lincoln de dos horas y media a una hora y media para que pueda proyectarse en cines; (2) preparando una charla en *Omnibus*, donde me «mediré» con un erudito (Alan Nevins) dando razones a favor del uso de la leyenda de Ann Rutledge como ingrediente dramático y, en general, a favor del respeto a las leyendas;[125] y (3) escribien-

---

[124] Un monasterio trapense ubicado en Louisville, Kentucky. El más famoso de los monjes que habitaban ahí era el poeta Thomas Merton, que había ingresado al convento en 1948.

[125] *Omnibus* era un conocido programa de televisión de la época. Ann

do una historia de amor lo más realista posible para los mismos documentalistas que hicieron *The Quiet One*. Este último proyecto me ha perturbado un poco porque es triste y doloroso, pero gracias a la amabilidad de un amigo al que se lo estoy leyendo he recobrado la ilusión. Sin embargo, para el 15 de marzo a más tardar tengo que renunciar a todo y consagrarme por entero al guión sobre Gauguin.*

Estoy muy bien de salud y la levadura de cerveza y las vitaminas son de gran ayuda, pero la bebida es un verdadero problema, hoy más que nunca. Empiezo a sospechar que la única salida, al menos hasta que aprenda a controlar mejor mis impulsos, es la abstinencia total; y es una perspectiva tan aterradora que no dejo intentar aplazarla y limitarme a reducir el consumo.

En fin, ya veremos.

Un fuerte abrazo, como siempre.   JIM

Querido padre: *[Nueva York]*
                             Martes 5 de enero de 1954

Sí, estuve fuera hasta poco antes de Navidad—en California, retocando de última hora el guión sobre Gauguin— . Desde entonces, el trabajo, las tensiones y el desconcierto de las vacaciones, la desorganización de cartas, papeles y escritos, además del cansancio, me han impedido responderle antes y mandarle los papeles ahora que le adjunto. Tendría que haberlo hecho a vuelta de correo y sólo cabe decirle lo mucho que lo siento y confiar en que crea en la sinceridad de mi arrepentimiento y acepte mis disculpas. Está visto que soy incapaz de respon-

* *Noa-Noa*. Véase *Agee on Film*, vol. 2, p. 2. [La película no llegó a filmarse.]

Rutledge (1813-1835) fue, supuestamente, el primer gran amor de Abraham Lincoln.

der sin demora, por fácil que me lo pongan —y usted no podría ponérmelo más fácil—: tengo cartas que he escrito en respuesta a otras antiquísimas y que siguen danzando por la casa semanas más tarde, cuando lo único que tengo que hacer es ponerlas en el correo. Tampoco podré hacerlo hoy, angustiado como estoy por comenzar tan tarde mi jornada laboral. Ésa es también la razón por la que voy a tener que ser breve...

Esta semana estoy trabajando en el esbozo de una historia para una película sobre los músicos de la academia de Tanglewood, en Massachusetts.[126] Creo que podría resultar interesante, y supongo que acabará por filmarse. Tengo muchos otros proyectos en fase embrionaria o en suspenso: *Los desnudos y los muertos* (que parece mi propia historia aquí),[127] una película sobre Heinrich Heine, una serie de televisión policíaca que se rodará en París, una película sobre George Washington, una película sobre *El proceso* de Kafka, una sobre John Wilkes Booth;[128] un cortometraje policiaco que se rodará en Hollywood... Pero, como de costumbre, las cosas tardan mil años en cristalizar y no puedo dar nada por seguro.

En fin, tengo que dejarlo y volver a mis músicos de Tanglewood...

Le mando un abrazo fuerte, y otro a la señora Flye. Mis mejores deseos para este año nuevo (está claro que las cosas siempre pueden ir a peor, pero no descartemos que puedan mejorar).

JIM

---

[126] Tanglewood es una academia musical situada en la cordillera de los Berkshires, al oeste de Massachusetts, que acoge cada año un importante festival de música contemporánea.

[127] *The Naked and the Dead* (1948) fue la primera novela de Norman Mailer; Agee se refiere al guión de la adaptación al cine que finalmente acabó dirigiendo Raoul Walsh, en 1958, a partir de un guión adaptado de los hermanos Terry y Denis Sanders.

[128] John Wilkes Booth fue el actor y fanático militante sudista que asesinó a Abraham Lincoln en 1865.

Querido padre:

[Nueva York]
Miércoles 3 de noviembre de [19]54

Gracias por sus cartas y por sus buenas noticias. La mejor, por supuesto, es que se sienta diez o veinte años más joven, como me cuenta, y todos los factores que hayan podido contribuir a ello: personas que lo quieren y disfrutan de su compañía; el entorno natural, que tanto le gusta; y, por lo que deduzco, una gran cantidad de trabajo tangible y útil que por fin ha podido volver a realizar.* Nada podría hacerme más feliz que recibir noticias como ésas…

He leído en el *Look* de esta semana un artículo de Adlai Stevenson que me ha interesado muchísimo y ha renovado el enorme respeto que siento por él. Se lo adjunto, a ver qué opina. Le mando también un artículo muy interesante del *New Yorker* sobre el templo mitraico de Londres y los descubrimientos más recientes al respecto.[129]

Estaba seguro de que, luego de terminar esta fase de la musicalización de la película, tendría dos semanas libres; había planeado un viaje en coche a Nueva Inglaterra para visitar a un par de amigos cerca de Boston. Incluso pensé en la posibilidad de pasar por Exeter, donde aún dan clase muchos profesores que admiro, e ir a ver el monasterio trapense del que

---

* Mi mujer murió una tarde de febrero de 1954 de un ataque al corazón. En cuanto lo supieron, James Agee y David McDowell (a quien también conocí en su infancia, cuando era alumno de St. Andrew's) viajaron desde Nueva York para pasar conmigo unos días. Al término de aquel año escolar renuncié a la docencia en el colegio de St. Andrew's y en octubre, después de pasar el verano como párroco de la capilla neoyorquina de San Lucas, me trasladé a una parroquia mucho más grande, la de San Jaime, en Wichita, Kansas, donde permanecí cuatro años disfrutando de la oportunidad de prestar servicios útiles y necesarios y del afecto de la comunidad, que para mí resulta inolvidable.

[129] En septiembre de 1954, unas excavaciones en la calle Wallbrook de Londres dejaron al descubierto un templo del siglo III dedicado al culto de Mitra.

me habló.[130] Pero mis planes se han ido al traste: hace cosa de un año estuve trabajando en el guión de una película italiana, pero el productor murió repentinamente y yo interrumpí el trabajo. Pues bien, ahora acaban de avisarme que es imperativo acabar el guión cuanto antes. Cada vez estoy más cansado de este trabajo y cada vez me interesa menos; no está tan mal, pero no me gratifica en absoluto porque no pongo en él todo lo que debería y entretanto la vida se me escurre a toda velocidad. No veo qué podría hacer para solucionarlo.

Me siento cansado e idiotizado, así que voy a dejarlo aquí. Un fuerte abrazo,

JIM

Querido padre: [*Nueva York*]
Sábado 4 de diciembre de 1954

Le agradezco mucho la carta que me envió por mi cumpleaños. Lo que me dice en las primeras líneas expresa a la perfección algo que siempre hubiera querido tener en mente: la necesidad de distinguir entre el compromiso que supone estar vivo y la vida misma, que es un don. Cada día tengo más claro lo que significa la muerte y la brevedad de la vida, y me arrepiento del tiempo que he desperdiciado, y estos pensamientos crecen de forma «orgánica»: sin ningún esfuerzo por mi parte, cosa que agradezco —aunque sería mejor que me esforzara—, pero no bastan justamente porque no me asombran lo suficiente ni hacen que me sienta agradecido. A estas alturas apenas he comenzado a atisbar lo mucho que necesito autodisciplinarme, al menos hasta que aprenda de una vez por todas a reconocer lo mucho que le debo a Dios y a desear lo que de veras me conviene. Ayer estuve leyendo, en las memorias de Gorki, que Andréyev se comportaba, frente a su propio ta-

---

[130] La abadía de San José, en Spencer, Massachusetts.

lento, como lo haría un joven aprendiz de jinete con un purasangre: haciéndolo galopar sin pausa, fustigándolo, descuidándolo, sin acariciarlo jamás ni alimentarlo como es debido. Si pudiera asimilar esta enseñanza me iría mucho mejor, pero para eso hay dos condiciones imprescindibles: (1) ser muy consciente, y (2) esforzarme continuamente por actuar en consonancia con tal conciencia. Cuando reparo en lo escasamente consciente que soy y lo poco que aprovecho lo que descubro —sobre todo para la vida práctica—, me sorprende incluso haber alcanzado las tres cositas que he logrado en mi vida.

En ese sentido, ahora mismo estoy intentando abordar dos proyectos a la vez. Por supuesto, me da miedo que la estrategia no funcione, pero creo que hago bien en probar. El primer proyecto es el guión sobre Tanglewood: me propongo tratar de llegar al meollo de la historia; si no lo consigo en las próximas semanas, rechazaré el encargo de escribir el guión... El otro proyecto es escribir una escena para el musical que Lillian Hellman y Leonard Bernstein piensan hacer sobre *Cándido*.[131] Quiero escribir sobre El Dorado, el paraíso terrenal; sería una escena cantada, escrita íntegramente en verso y probablemente acompañada de danza. He pensado que podría contar cómo el pueblo se acerca a la corte con tres «instancias» —puesto que éste no se presenta ante su benigno y piadoso rey con tres peticiones, sino con tres instancias o declaraciones de intenciones—, para solicitar su parecer y su bendición: la celebración de un nacimiento, la intención de divorciarse y contraer segundas nupcias, y la de morir. Frente a la primera, la venia del rey se da por hecho, como debe ser entre gente que no tiene por qué temer otra cosa que las penas que le depara el destino y que debe aceptar con re-

[131] La opereta *Candide*, basada en la obra de Voltaire, se estrenó finalmente a finales de 1956 en Broadway, con el tenor estadounidense Robert Rounseville en el papel de Cándido. En el libreto participaron varios escritores, pero la colaboración de Agee acabó por descartarse.

signación y hasta gratitud. En la segunda, un hombre declara en presencia de la comunidad que no hará nada para impedir que su esposa se vaya con su amante:

CÁNDIDO:
¿Es que no la *amas*?

MARIDO:
Claro que sí; ¿cómo podría entregársela a otro si no creyera que eso supone su felicidad?

CÁNDIDO
(*tras intentar describirle el martirio de los celos*):
¿No la *deseas*?

MARIDO:
¿Cómo podría desear un hombre o una mujer a alguien que desea a otra persona?

En la tercera instancia, aparece ante el rey un anciano respetable acompañado de cuatro generaciones de su familia. El anciano, que es un campesino, le dice al monarca: «He amado a Dios, a los poetas, a mis mujeres, a sus hijos y a los hijos de sus hijos; he amado la tierra y la he tratado con reverencia. Hoy vengo a expresarle mi deseo de morir». Y a continuación le explica brevemente dos cosas: que, a pesar de toda la gratitud que siente hacia la vida, hace tiempo que su cansancio va en aumento, año tras año, y ansía dar el paso hacia lo desconocido, sea lo que sea, pues ve mermadas todas sus facultades. Puede prever, además, que su deterioro traerá consigo una tristeza que no quiere infligirse ni a sí mismo ni a sus seres queridos. El rey asiente y pide que traigan un bebedizo; el anciano canta una despedida improvisada a sus seres queridos, al mundo y a la vida, bebe y muere rápidamente y sin dolor rodeado de su familia. Al instante comienza una celebración serena y sublime de su muerte. Cándido se siente conmovido y perplejo: «¿Entonces todos creéis en la vida después de la muerte?». El rey se encoge ligeramente de hombros: «Es una de las pocas cuestiones en las que discrepamos». «Pero veneráis a Dios», replica Cándido, y el rey le responde: «Lo veneramos, sí. Demasiado como para interesarnos por aquellos asuntos que prefiere ocultarnos —y, con voz reconfortante y amable, añade—: como comprenderá, confiamos en sus designios y en su sabiduría. El anciano ha pasado de nuestras manos a las de Dios, ¿por qué habríamos de preocuparnos por él?». O incluso: «Sus designios son nuestra paz».

Y al final, cuando Cándido decide marcharse y regresar a Europa... Aquí voy a tener que retroceder. Al principio de la escena, Cándido pregunta por los reyes: supone que la corona es hereditaria, pero no: los reyes no heredan el trono ni son elegidos por el pueblo. Sucede (como con el dalai lama) que en cada generación nace un niño que para todo el mundo es, inconfundiblemente, la viva imagen y el nuevo receptáculo de la divinidad; nunca hay disputas al respecto. «¿Le gustaría, Cándido, ver al próximo rey?» Lo conducen hasta él: es el niño más hermoso que quepa imaginar. Cándido pregunta: «Majestad, ¿y cómo puede usted conservar la corona en presencia de este niño?». El rey le contesta: «No se engañe: no es más que un niño; también aquí los pesares, el sexo y la sabiduría hacen madurar: él y yo sabremos cuando esté listo —y dirigiéndose al niño—: ¿no es cierto?». El niño asiente y sonríe, se acerca al rey y se abraza de sus piernas. Cándido vuelve a preguntar: «Pero... ¿qué pasaría si muere?», y el rey le responde: «No morirá: cualquier otro podría morir, pero él no. Sobrevivió a la picadura de una serpiente venenosa y a un cóndor que se lo llevó por los aires. Vivirá muchos años». (U otros ejemplos de la invulnerabilidad del genio, que linda con la divinidad.)

La parte de la escena en que Cándido se marcha comienza con la ceremonia de despedida del rey. Luego hay diálogos, canciones de adiós entre Cándido y el rey y grandes corales del pueblo. Al final el niño rey se adelanta y, llorando, abraza a Cándido, diciéndole o cantando: «Querido hijo». Y Cándido, tras un profundo suspiro de ternura y de asombro, comienza a decir: «Padre nuestro…». Y todos los demás, en medio de un silencio reverente, se miran entre sí: nunca habían oído hablar de esa plegaria ni de esa religión.

Me interesa mucho todo lo que me cuenta sobre la gente a la que va a visitar, y me alegro especialmente por esos dos niños.* Creo de verdad que se está obrando el milagro que me relata y que usted ha tenido mucho que ver, y no lo diría si creyera que eso podría avergonzarlo, desconcertarlo o minar el poder del que tal vez sea usted un conducto. No tendría por qué ser así, en cualquier caso, porque no hay milagro que consiga más que posponer la muerte; y de todas formas usted está por encima de cualquier vanidad: lo que usted posee es sencillamente una capacidad excepcional para amar, sobre todo a los jóvenes, y es esa capacidad lo que puede haberlo convertido en un conducto del amor sanador de Dios. Por lo tanto, usted está usted a salvo de cualquier peligro que pudieran entrañar mis palabras…

Espero que le guste el esbozo de El Dorado. Me imagino que hay cosas que no le parecerán bien, pero la idea general tal vez sí. La escena debería ofrecer una imagen lírica de la mejor sociedad humanamente concebible, y creo que la clave para conseguirla sería que todas las necesidades físicas estuvieran cubiertas, de tal modo que el oro, etcétera —nuestros

---

* Al llegar a Wichita comencé a realizar visitas diarias a hospitales, cosa sobre la que le había hablado a Jim. En una carta de noviembre le conté el caso de dos niños con leucemia. Uno de ellos, Terry Neukomm, un chiquillo encantador de siete años, había superado el año anterior un cáncer de un modo poco menos que milagroso; para entonces, sin embargo, el mal había reaparecido en forma de leucemia, pero yo aún tenía la esperanza de que volviera a curarse, aunque para ello precisara otro milagro (vivió hasta marzo). Es a él a quien se refiere Jim repetidas veces a lo largo de su carta.

símbolos de riqueza— tuvieran un valor puramente ornamental, personal o religioso. Otros aspectos decisivos serían: la ausencia de teoría y el uso prudente del sentido común (la «razón») y las ciencias aplicadas; el amor y la comprensión entre las personas; el amor a Dios, que no se expresa en la súplica ni en la penitencia, sino en la adoración y la gratitud. (Voltaire decía que no hay sacerdotes como tales, sino que todos somos sacerdotes y alabamos y damos gracias a Dios en cada momento de nuestra vida.) Los miembros de esa sociedad ideal viven con tanta holgura que se han acostumbrado a una especie de opulenta frugalidad cuyo modelo es el propio rey. La envidia es prácticamente imposible, puesto que cada cual puede tener lo que desee; allí, cuando uno desea demasiado se torna un poco ridículo, y la envidia se disuelve en la ternura que suscita esa excentricidad. He pensado en meter a un vagabundo europeo que le describa el país a Cándido en función de los siete pecados capitales. La gula, por ejemplo: en un lugar donde el licor mana de la mitad de las fuentes (de las otras mana agua de rosas) todo el mundo se emborracha de vez en cuando, ¿pero quién iba a convertirse en un alcohólico? No hay leyes, porque las leyes del amor excluyen la necesidad de otras normas, del mismo modo en que el verdadero cristianismo vuelve inútil la existencia del Estado. No hay cárceles: ¿qué necesidad podría haber de ellas, cuando el peor castigo es la desesperación que uno sentiría al causarle al prójimo cualquier daño o perjuicio?

Tengo que irme, así que lo dejo aquí.

Sólo una cosa más. Creo que tengo que contarle que anoche tuve un sueño en el que, en un contexto de muerte generalizada (Mia también estaba sentenciada), su esposa, la señora Fly, queridísima amiga mía, al llegar a su funeral en St. Andrew's se apeaba de su ataúd (aunque sin volver a la vida), se me acercaba atravesando el pasillo de una capilla abarrotada y nos dábamos los abrazos y los besos que siempre nos dimos al reencontrarnos al cabo de mucho tiempo... como si apenas hubieran pasado unos días desde la última vez. Está ahora entre los santos: siempre lo estuvo.

JIM

[*Nueva York*]
Sábado [lunes] 24 de enero de [19]55 por la noche

Me alegré mucho de recibir su carta ayer. No tengo mucho que responderle y ando un poco falto de energía, pero me gustaría enviarle, junto con ésta, una carta que le escribí hace dos o tres semanas...

Anoche, para mi gran alivio, terminé el borrador del guión de la película de Tanglewood. Queda mucho trabajo para expurgarlo y ajustar las proporciones... pero el grueso del trabajo ya está hecho y ha quedado mejor de lo que esperaba, así que a partir de ahora avanzaré pisando terreno firme: hasta ahora, parte de la tortura era la falta constante de asideros y de una base sólida.

No creo que valga la pena agregar mucho más, de momento...

Con todo mi cariño, como siempre,

JIM

Querido padre:

Por fin puedo responder a su larga y hermosa carta. Es tan precisa y detallada que leerla me produce una sensación similar a la que produce la épica (lo digo muy en serio). Me da la sensación de que está usted tan ocupado y lo interrumpen tan a menudo que ha decidido poner en forma de carta lo que en otro momento habría escrito en un diario: que no tiene tiempo de llevar un diario y le resulta más fácil dejar constancia de lo que va viviendo en una misiva. Si esto es así, le estaré muy agradecido de que siga haciéndolo... aunque tiene que ser consciente de la desventaja implícita: escribir de ese modo exige una respuesta a la altura, lo que me convierte en el más inadecuado de los corresponsales. Digamos que mi respuesta interior siempre estará a la altura —en eso puede confiar—, pero no sé si podré expresarla por escrito.

Ahora mismo, por ejemplo, estoy muy cansado y le escribo bajo el efecto de un somnífero muy potente: tengo miedo de quedarme dormido en cualquier momento.

Desde el último jueves del año pasado padezco ataques cardiacos frecuentes. Los periodos de calma duran uno o dos días en el mejor de los casos; en el peor, llego a tener ocho ataques al día, y son dolorosísimos. Por fortuna, siempre logro controlarlos con píldoras de nitroglicerina, así que espero que no tengan que volver a hospitalizarme. Desde luego, veo regularmente al médico, y la semana que viene tengo programada una visita con el mejor cardiólogo de Nueva York. Entretanto, estoy sometido a una especie de hospitalización doméstica, tomando grandes dosis de sedantes y durmiendo entre nueve y once horas cada noche. La medicación merma mi energía física y mental y disminuye mi capacidad de trabajo, amén de mis facultades sociales y epistolares. En cualquier caso, parece que las cosas mejoran: el miércoles fue horrible; el jueves tuve un ataque muy doloroso y dos de intensidad media; el viernes dos más, de intensidad media; hoy otros dos, pero más leves.

El lunes y el martes estuve en Williamsburg, Virginia, en el distrito que Rockefeller ayudó a restaurar,[132] en un viaje de reconocimiento con vistas a una posible película de 30 minutos. El lugar me impresionó casi tanto como me deprimió: parecía muerto, y se respiraba un aire de museo o de iglesia. Les dije claramente lo que pensaba a los miembros del *staff* y me alegró que me dieran la razón. Todos me cayeron muy bien: son buenos historiadores y personas muy amables, aun-

---

[132] Colonial Williamsburg, restaurado y preservado en su estado original del siglo XVIII.

que tengan ese aura de tristeza de los académicos (de mi edad o más jóvenes) sin un tema atractivo al que consagrar sus años fértiles. La idea de la película es reflejar un día cualquiera de la vida en la colonia varios años antes de la Guerra de Independencia, cosa que me parece tan fascinante como problemática porque jamás he visto algo parecido en ninguna película más que durante escasos minutos: sería un tratamiento totalmente nuevo. Lo que menos me interesa son los aspectos meramente históricos o ideológicos de la tarea, salvo por el hecho de que encuentro imposible resucitar la vida cotidiana de cierto momento de la historia sin resucitar las ideas que estaban en pugna. Para tenerlas en cuenta, mi idea es la siguiente, *grosso modo*: (1) abordar un día cualquiera desde antes del amanecer hasta bien entrada la noche, en una época en que exista ya el «fermento» de la revuelta, aunque ésta no haya llegado aún al punto de ebullición; (2) evitar la dramatización de grandes acontecimientos históricos y evitar darle el protagonismo —o presentar siquiera— a ningún personaje de la talla de Jefferson, Washington, Henry, Wythe o Mason; (3) retratar un momento en que los antagonistas y aliados políticos comienzan a definirse y situar el clímax argumental en una discusión de taberna en la que participen algunos de los protagonistas, a los que apenas se preste atención, y en la que se puedan definir y entender los puntos de vista opuestos (esto supone ubicar la etapa justa en que, años antes de que el conflicto estallara con violencia, las diferencias tenían ya la intensidad y la espontaneidad de una riña durante una cena en familia); (4) intentar aprovechar este incidente para mostrar a cada personaje antes, durante y después de la disputa, para mostrar así la transformación que hayan podido experimentar (en un caso, un cambio de opinión; en otro, la confirmación de una postura).

Y, dentro de este esquema, aceptado también muy calurosamente por las personas con quienes tendría que trabajar, dos puntos esenciales: la perspectiva *tory*, partidaria de la corona, presentada de la forma más cabal e imparcial posible. (Los leales a la metrópolis podrían representarse mediante el personaje de un señorito acartonado y codicioso, pero, de emplear ese recurso, debería haber otro personaje que equilibre la balanza: un hombre sumamente inteligente y responsable que defienda la causa de la corona con argumentos sólidos y al que posteriormente se muestre arruinado por la guerra para garantizar que se le perciba como una figura digna e incluso trágica. Del lado «revolucionario» también tendría que haber varios hombres de gran inteligencia y alto sentido del honor: hacendados que llevan demasiado tiempo asentados en el nuevo continente como para considerarse ingleses o colonos. Entre ellos podría haber alguno imbuido de las nuevas ideas antimonárquicas francesas (y anteriormente romanas): éste serviría, al mismo tiempo, para mostrar la larga historia de esclavitud que ha posibilitado su existencia. Otro independentista tendría que ser el oportunista de poca monta, la clase de demagogo despiadado que siempre da impulso —y sangre— a cualquier movimiento, y otro sería el comerciante cauto, el hombre prudente que observa por dónde van los tiros antes de unirse a uno u otro bando. Como contrapeso del terrateniente intelectual, un colonizador de la frontera sin demasiadas ideas y sin mayor sentido de la oportunidad que con su esfuerzo en una región inexplorada se ha convertido, sin ser consciente de ello, en el gérmen de una nueva raza: este último sería, por así decirlo, el padre de Lincoln y del siglo XIX, y su visión del cambio y de la tierra tendría que ser esencialmente mística. Tengo la sensación de que a partir de estos ingredientes sería posible componer una especie de poema virgiliano sobre la nación embrionaria, y si es verdad me sentiría enormemente entusiasmado. Aún así, no estoy seguro de aceptar la oferta, pues para 30 minutos de película se requeriría tanto trabajo como para dos largometrajes normales. Me encantaría hablarlo con usted.

Y ya va siendo hora de parar y tratar de dormir un poco.

J.

Querido padre:

[*Nueva York*]
*Jueves 17 de marzo de 1955
por la noche*

Como supongo que ya habrá sabido por mi madre —o incluso por mí: no recuerdo si se lo había contado ya—, me he visto obligado a guardar cama durante una temporada (las últimas tres semanas) y es posible que tenga que hacerlo por algún tiempo más: los ataques cardiacos se han reanudado. Comenzaron poco antes de fin de año y empeoraron hace tres semanas. La semana pasada fueron menos frecuentes y de menor gravedad, lo que no significa gran cosa, salvo para mi salud emocional (aunque el electrocardiógrafo también confirma que la necrosis al menos se ha detenido). A mediados de la semana que viene sabré qué problemas inmediatos, o cuánta mejoría, puedo esperar y lo que eso significa en términos de reposo: sólo entonces tendré una idea aproximada de cuánto tiempo estaré fuera de combate.

Hasta saberlo, todos mis planes laborales son inciertos. Se me permite trabajar un poco —horas que empleo sobre todo en ultimar proyectos que ya están muy atrasados—, pero siento que me faltan energías para más. Entre mis planes, dependiendo de mi estado de salud, está viajar a Irlanda para trabajar con John Huston en la adaptación de *El hombre que quiso ser rey*, de Kipling; y es posible que escriba la película sobre Williamsburg (sobre las colonias) de la que ya le he hablado; también es posible que termine una novela, si me alcanzan el dinero y la salud; o que traduzca (o más bien retraduzca) una obra de Cocteau, *La máquina infernal*; y tal vez también escriba un guión sobre John Wilkes Booth y otro sobre unos cuáqueros durante la Guerra de Secesión, y la adaptación de *Camino del Oeste*,[133] una novela buena y modesta, una historia microcósmica en la que A. B. Guthrie retrata las

---

[133] *The Way West* (1949).

227

principales fuerzas y tendencias del país en la era de las grandes migraciones a Oregón y California.[134] Así que trabajo no me va a faltar: será más bien una cuestión de elección y de tiempo; y de dinero claro, o de ver si puedo permitirme hacer algo por poco o ningún dinero.

En general, me he encontrado mucho mejor esta última semana que en las dos anteriores: de un ritmo de entre doce y diecisiete ataques diarios, de los que entre seis y ocho eran leves, he bajado a una media de siete, todos leves.

No tengo mucho más que contar (de hecho, le escribo sobre todo para que usted también lo haga y me cuente cómo está): mi actividad se reduce a leer los ejemplares del *Times Literary Supplement*, el *New Statesman* y *The Nation* que me trajo Helen Levitt. Resulta de lo más agradable comprobar que, pese a sus muchas argucias, los periodistas resultan muy poco convincentes, de modo que uno puede conservar su propia opinión, lo que, a su vez, permite que se conserve intacto una especie de pacto de cortesía entre el autor del texto, el lector y aquel de quien se habla: se asume tácitamente que, por mucho que discrepen, las tres partes comparten unos mínimos de inteligencia y humanidad. Dentro de poco esto será imposible en Estados Unidos. ¿Le gustaría Quiere leer alguna de esas revistas? Si le apetece, estaré encantado de enviárselas.

Voy a dejarlo aquí: tengo la cabeza hueca y creo que debería acostarme. El resto de la noche leeré la traducción inglesa de *La máquina infernal*.

Un abrazo,   JIM

---

[134] Agee no llegó a completar ninguno de estos proyectos, ni siquiera la novela *Una muerte en la familia*, que su amigo y editor David McDowell tuvo que terminar. John Huston filmó *The Man Who Would Be King* en 1975, con un guión escrito por él mismo y Gladys Hill.

Querido padre:

[*Nueva York*] *Jueves (de Pascua)*
[*7 de abril de 1955*] *por la noche*

Espero que la ausencia de noticias suyas sólo quiera decir que anda demasiado ocupado para escribirme y que su silencio no se deba, por el contrario, a alguna ofensa mía o a alguna nueva decepción que pudiera haberle causado. En cualquier caso, no piense que le reclamo nada: si está demasiado ocupado, lo entiendo perfectamente; y si se ha ofendido, sé que con el tiempo se le pasará. La frecuencia de sus cartas no influye en nada en el enorme afecto que le tengo.

Le escribo tan sólo para mandarle todo mi cariño y desearle (por anticipado al tiempo que escribo esto, tarde para cuando lo reciba) una feliz Pascua.

Me encuentro algo mejor y hace ya diez días que no estoy en cama, aunque he tenido algunas recaídas breves. Lamentablemente, salvo Teresa, todo el mundo ha estado enfermo por culpa de distintas clases de virus e infecciones, incluida la madre de Mia, que ya está por aquí, y su padrastro, que por suerte parece que se repondrá a tiempo para pasar con nosotros la Pascua. El caso es que la casa se ha convertido en una especie de lazareto, por usar un eufemismo, lo que dificulta mucho el trabajo o lo hace poco agradable. A veces me pregunto si aquellos que apuestan, como yo, por una vida plena, no obtienen su justa recompensa al comprobar que esa vida, como cualquier otra clase de vida, está llena de miseria... Otras veces comprendo, con idéntica claridad, que eso es precisamente la vida, y no otra cosa...

En cualquier caso, que Dios lo bendiga.

JIM

(*Martes después de Pascua.*)

Ha sido un verdadero placer recibir hoy su carta. Ahora comprendo, al ver lo atareadísimo que está, lo idiota que fui al buscar otros motivos para explicar su silencio. Gracias por la pos-

229

tal que me adjunta y por el recorte sobre Terry [Neukomm].[135] Que Dios lo tenga en su gloria y descanse en paz. Ahora mismo no puedo extenderme más: física y mentalmente estoy bajo mínimos. Le adjunto una carta muy bonita de Truesdale Brown (el profesor de Historia Antigua de la Universidad de California con el que hizo tan buenas migas), esperando que este breve apunte sobre la vida nocturna de una universidad inglesa le divierta tanto como a mí.

Querido padre:

[*Nueva York, 11 de mayo de 1955*]

Gracias por su carta y por las cosas que me envía. Antes de que se me olvide, déjeme contarle que acabo de tener noticias de Truesdale Brown: me ha enviado una carta tan desencantada como llena de encanto estaba la anterior. Resulta que hace poco, durante una conferencia, le tocó presenciar cómo le lanzaban un dardo —uno de esos dardos británicos rebosantes de esnobismo— al profesor estadounidense John Finley, que estaba dando una clase (muy buena, a juicio de Brown) sobre Píndaro. Como respuesta, le he enviado unos cuantos fragmentos de la carta de usted, para darle a entender que esa clase de esnobismo, por exasperante que resulte, no tiene ninguna importancia si se lo compara con el gran valor de «la camaradería entre gente culta» de la que usted es uno de los máximos representantes.

Más allá de esto hay poco que contar, salvo que tengo la sensación de estar a punto de morir: me ha invadido una lentitud atroz en todos los sentidos, y muy especialmente en lo que respecta al trabajo. Me ha llevado varias semanas acabar un encargo (el de Williamsburg) que tendría que haber terminado en una semana como máximo, y en consecuencia he

[135] El niño enfermo de cáncer del que se habla en la nota de la p. 221.

perdido un verdadero filón: el remiendo de un guión de Hollywood, por el que me habrían pagado más del doble de lo que suelo cobrar por película. De todas formas, estoy pensando en dejar el trabajo remunerado una temporada, tomarme el verano libre y acabar de una vez la novela.

En cuanto al recorte que me envía, sobre perros y gatos, sobran los comentarios, salvo que me hubiera gustado estar presente, no con una credencial de la ASPCA, sino con una ametralladora.* Tengo ciertas reservas sobre la pertinencia de este impulso asesino en aquellas circunstancias, pero no las suficientes como para vacilar, al menos de palabra. Me recuerda una idea que tuve hace poco para una película: comenzaría con una gran reunión de elefantes llegados de toda África, guiados por una voz *en off*: la voz de Dios, que se dirigiría a ellos más o menos en estos términos: «Mis queridos niños, ya sabéis que sois el pueblo elegido, los únicos en conocer mi secreto: que no me considero omnipotente. De esa cualidad me deshice el día en que doté al hombre de libre albedrío para amarme, odiarme o sencillamente ignorarme. Así que no puedo prometeros nada; lo poco que puedo deciros no es ni esperanzador ni desalentador: vosotros habéis sido empleados para el trabajo, y los hombres que os han explotado no han mejorado ni empeorado notablemente por el trato frecuente con vosotros y vosotros tampoco habéis mejorado o empeorado en el proceso. Pero hoy comienza una nueva era: pronto, muy pronto, se os mirará *con otros ojos*. Se os

---

* A principios de mayo le había enviado sin más comentarios el recorte de la carta de un lector al director de un periódico donde le informaba de que un grupo de dueños de galgos se congregaban en las afueras de la ciudad para montar carreras de entrenamiento. Previamente recogían gatos por la calle (so pretexto de buscarles un buen hogar) y una vez allí los soltaban ahí para que los perros hambrientos pudieran perseguirlos y devorarlos. Sabía que a Jim la noticia le causaría la misma indignación que a mí, y así lo expresa en su carta. [La ASPCA es la Asociación Estadounidense para la Prevención de la Crueldad con los Animales.]

considerará extraños, maravillosos y —perdonadme, queridos míos— también graciosos. Como he dicho, no soy omnipotente, ni siquiera puedo profetizar; lo único que os pido es lo siguiente: seguid siendo tan buenos como siempre, e igual de fieles y conscientes de mi amor y mi consideración; perseverando en vuestra actitud tal vez consigáis convertir a esos infieles, a esos bárbaros, aunque hasta ahora todos mis intentos han fracasado».

Durante esta admonición, que es más bien una bendición, el más viejo de los elefantes abandona con tristeza la asamblea y se va al gran cementerio de elefantes, un lugar secreto, donde muere.

Al poco tiempo llegan los hombres y capturan a los elefantes para llevarlos a los circos.

Pasamos entonces de la ficción a la realidad. Porque esto es lo justamente lo que pasó (y hay constancia de ello) cuando los elefantes fueron llevados a vivir entre hombres civilizados:

1824: primer elefante en un circo estadounidense.
Era una hembra. La compró un empresario circense que tenía su cuartel general en Somers, Nueva York. Se llamaba Old Bet y fue exhibida en varias ferias de la región. Los beatos habitantes de un pueblecito del oeste de Connecticut decidieron que era la reencarnación de Behemoth y la mataron a tiros. La enterraron en Somers y sobre su sepultura erigieron una estatua que es, desde entonces, un santuario para la gente de circo.

Postrimerías del siglo XIX: Jumbo
El más famoso y querido de todos los elefantes murió así: lo conducían a través de unos muelles de carga ferroviarios hacia su vagón privado. Para que pudiera pasar habían dejado un hueco en mitad de un largo convoy, pero el resto de las vías estaban abarrotadas de vagones unidos. Era de noche y no

había ningún tren previsto, pero llegó un expreso. Al verlo, Jumbo se acordó del hueco por el que había pasado poco antes, dio media vuelta y echó a correr. Tanto corrió que se pasó de largo. Cuando dio media vuelta chocó de frente contra la locomotora. Él murió en el acto, la locomotora descarriló.

1916, Tennessee: Mary

En un pueblito de Tennessee, después de someterse a encantadoras provocaciones que no hace falta relatar, Mary se puso furiosa y mató a tres hombres. El populacho decidió que, tal como mandaba la ley, había que ahorcarla. La colgaron de una grúa ferroviaria que colapsó bajo el peso del animal. Entonces fueron a buscar una grúa más potente: la pobre Mary murió al cabo de dos horas, colgada del cuello, bajo la atenta mirada de cinco mil majaderos.

1934: Grand Finale

George Balanchine, el más grande coreógrafo de su tiempo, dirige a la mayor formación de elefantes de la historia para que interpreten un número de ballet. Los elefantes se muestran algo cohibidos, pero obedecen. Llega la gran noche y los elefantes bailan al son de una música de Stravinski ataviados con tutús rosas. El número sale bien, apenas cometen errores, pero el público no deja de reírse a carcajadas de su torpe obediencia. Los elefantes se sienten profundamente humillados. Más tarde, aquella misma noche, el más listo de todos alarga la trompa, sorbe una colilla de cigarro mal apagada y la deja caer sobre la paja fresca que les sirve de lecho. Los treinta y seis elefantes mueren en el incendio. Sus enormes almas, ligeras como nubes, se van posando como palomas en el gran cementerio secreto en África…

Y puede que Dios vuelva a hablar, con ternura; tal vez diga: «La paz de Dios, que trasciende toda comprensión…», etcétera.
La idea no le gusta a casi nadie, y es cierto que tiene sus

puntos flacos, pero a mí sí me gusta, espero que a usted también.

Y ahora tengo que dejarlo. Con todo mi cariño...

JIM*

[*El lunes 16 de mayo de 1955, cuando el sol se estaba poniendo en Wichita, me llamaron desde Nueva York. Me alegré de oír el saludo de una voz amiga, la de David McDowell, pero entonces escuché estas cinco palabras: «Jim ha muerto esta tarde».*

Reservé el vuelo nocturno y llegué a Nueva York al rayar el alba de una mañana de mayo.

El jueves a las diez, en la capilla de San Lucas, no muy lejos de donde vivía, celebramos su funeral: unas exequias sencillas y un réquiem. Luego, los más allegados del difunto —la familia y unos pocos amigos— nos fuimos a la casa de campo que tenía a unos kilómetros de Hillsdale y que tanto le gustaba; y allí, sobre una loma que daba al valle boscoso y las colinas distantes, en un rincón apacible, le dimos sepultura recitando unas palabras del Libro de Oraciones Comunes, en ese inglés purísimo que tanto le gustaba: «In sure and certain hope...».]

* Esta última carta no llegó a enviarla. La encontré más tarde, en un sobre de correo aéreo sellado y con mi dirección, sobre la repisa de su chimenea.

CRONOLOGÍA

1909   Nace James Rufus Agee en Knoxville, Tennessee, el 27 de noviembre.

1916   El 16 de mayo muere su padre, Hugh James Agee.

1919   Se matricula en el colegio St. Andrews, un internado masculino ubicado en Sewannee, Tennessee, y administrado por la orden monástica episcopaliana de la Santa Cruz. Allí conoce al padre Flye, que vive allí junto a su mujer.

1925   Pasa el verano viajando por Francia e Inglaterra en compañía del padre Flye. En otoño ingresa en la Academia Phillips Exeter, en New Hampshire.

1928   Se matricula en la Universidad de Harvard.

1929   En verano trabaja de peón en la cosecha del trigo de los campos de Kansas y Nebraska.

1932   En primavera obtiene su licenciatura en Harvard. Una parodia suya de *Time* llama la atención de la revista *Fortune*, que le ofrece un contrato como cronista en prácticas. Al poco tiempo pasa a ser un miembro fijo de la redacción.

1933   El 28 de enero se casa con Olivia Saunders.

1934   Su poemario *Permit Me Voyage* [Permítanme viajar] se publica en la colección Yale Series of Younger Poets.

1935   En noviembre, la revista *Fortune* le concede una excedencia de seis meses. Se muda a Anna Maria, Florida, para consagrarse a la escritura.

1936   Pasa ocho semanas en Alabama con el fotógrafo Walker Evans, entrevistando y retratando a varias familias de colonos algodoneros para una serie de artículos que se publicaron en *Fortune*.

1939   Se casa con Alma Mailman. Comienza a trabajar como crítico literario para la revista *Time*.

1940   El 20 de marzo nace su primer hijo, Joel Agee.

1941   La editorial Houghton Mifflin publica sus reportajes de Alabama con el título de *Let Us Now Praise Famous Men* [*Elogiemos ahora a hombres famosos*].

Comienza a escribir reseñas cinematográficas para *Time*.

1942   El 26 de diciembre empieza a trabajar como crítico cinematográfico para *The Nation*, labor que continuará desempeñando hasta el 4 de septiembre de 1948.

1945   Comienza a escribir artículos de fondo para *Time*.

1946   Se casa con Mia Fritsch. El 7 de noviembre nace su primera hija, Julia Teresa Agee.

1948   Escribe un comentario para el documental *The Quiet One* [El callado], con guión de Helen Levitt y dirección de Sidney Meyers. Renuncia a su puesto en *Time* y escribe, por encargo del productor Huntington Hartford, dos guiones cinematográficos basados en sendos cuentos de Stephen Crane: *The Blue Hotel* [El hotel azul] y *The Bride Comes to Yellow Sky* [La novia llega al cielo amarillo]. El primero guión no llegaría a filmarse; el segundo lo filmó el director Bretaigne Windust en 1952 y fue uno de los dos cortos incluidos en la película *Face to Face* [Cara a cara]. Se estrena *Knoxville, Summer of 1915* [Knoxville, verano de 1915], obra para soprano y orquesta de Samuel Barber basada en un poema en prosa de Agee.

1949   El 3 de septiembre *Life* publica su reportaje «Comedy's Greatest Era» [La gran época de la comedia], sobre los grandes cómicos del cine mudo.

1950   El 15 de mayo nace su segunda hija, Andrea Maria Agee. El 18 de septiembre *Life* publica su artículo «Undirectable Director» [El director ingobernable]: un retrato del cineasta John Huston, con quien ese mismo otoño comienza a trabajar en el guión de *The African Queen* [*La reina de África*], basado en la novela de C. S. Forester.

1951   La editorial Houghton Mifflin publica la novela corta *The Morning Watch* [*Vigilia*]. Agee es hospitalizado tras sufrir un ataque al corazón.

1952   Por encargo de la Ford Foundation, escribe el guión de una serie de televisión sobre la vida de Lincoln. En julio se publica en *Harper's Bazaar* su relato «A Mother's Tale».

1953   Escribe el guión de *Noa-Noa*, basado en los diarios de Paul Gauguin, que no llegará a filmarse.

1954　Escribe el guión de *La noche del cazador*, basado en la novela de Davis Grubb. El 6 de septiembre nace su segundo hijo, John Alexander Agee.

1955　El 16 de mayo muere de un infarto agudo de miocardio en un taxi neoyorquino.

1957　Se publica su novela autobiográfica *A Death in the Family*, [*Una muerte en la familia*] sobre la muerte de su padre.

1958　Recibe el premio Pulitzer a título póstumo por *A Death in the Family*.

CONTENIDO

ESTA PRIMERA EDICIÓN DE «CARTAS AL PADRE FLYE» DE JAMES AGEE SE TERMINÓ DE IMPRIMIR EN BARCELONA EN EL MES DE SEPTIEMBRE DE 2016

ALIOS · VIDI · VENTOS
ALIASQVE · PROCELLAS

Dear Father —

I'm very sorry not to have returned David's letter, long before this. It got mixed up in a change of coats, then in my work, then is my guilt, which can neatly prevent my doing just what would relieve it. Much the same is why I've for so long failed to write at least a line.

You wonder whether other people share your distaste for using the word __Jap__. I do, from the bottom of my heart. Also __Nip__, __Nipponese__, __Nippon__. __Sub__ (even __U-boat__ bothers me though I sometimes use it), and __war effort__. I am sure I could think of more, if I could think at all. Yes, __Jerry__ — at least when an American uses it; even if I were an Englishman I don't think I'd want to. And __Reds__. And __Muscovites__. And __Russ__. And __Blitz__ (though it's a good word). People who use such words would also tell of their tummy.

Late at nights, I've been doing some reading — which I shamefully lack the energy to do more than list. Stendhal's __The Red and the Black__; __The Good Soldier Schweik__ by Jaroslav Hašek; and a book analyzing Blake's poems and minor prophecies. The one I recommend 97 per cent to you is Schweik, which might be St Andrew's transplanted to the Austro-Hungarian army — the funniest and sorest satire on bureaucrats, authoritarians, scientists and other poops that I have ever read. Also, a very good book on E.M. Forster by Lionel Trilling, who writes very feelingly about the naive literal assumption that the world is redeemable and divisible in terms of sheep and goats, who are terribly offended by the world when it doesn't play ball that way, and who above all are baffled by a novelist, so inclined as to make comedy of them and of the world and to take a liberal himself. He quotes